Max Winter

Kleidung und Putz der Frau

nach den altfranzösischen Chansons de geste

Max Winter

Kleidung und Putz der Frau
nach den altfranzösischen Chansons de geste

ISBN/EAN: 9783743463141

Hergestellt in Europa, USA, Kanada, Australien, Japan

Cover: Foto ©ninafisch / pixelio.de

Manufactured and distributed by brebook publishing software (www.brebook.com)

Max Winter

Kleidung und Putz der Frau

AUSGABEN UND ABHANDLUNGEN
AUS DEM GEBIETE DER
ROMANISCHEN PHILOLOGIE.
VERÖFFENTLICHT VON E. STENGEL.
XLV.

KLEIDUNG UND PUTZ DER FRAU

NACH DEN

ALTFRANZÖSISCHEN CHANSONS DE GESTE.

VON

MAX WINTER.

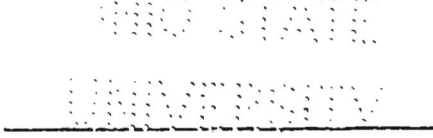

MARBURG.
N. G. ELWERT'SCHE VERLAGSBUCHHANDLUNG.
1886.

Meinen Eltern.

Vorbemerkung.

Vorstehende Arbeit verdankt der freundlichen Anregung von Seiten des Herrn Prof. Stengel ihre Entstehung. Vorgelegen haben mir dazu das umfangreiche Buch von H. Weiss: »Kostümkunde«, 2. Aufl., Stuttgart 1883, welches nur kurz die Entwicklung der Tracht bei den Franzosen berührt, und das ich daher nur in ganz wenigen Punkten zur Vergleichung heranziehen konnte.; ferner Heidsiek, Dissert.: »Die ritterliche Gesellschaft in den Dichtungen des Crestien de Troies«, Greifswald 1883; sie schildert mehr die Kleidung einzelner Frauengestalten als diejenige der Frauen im allgemeinen. Etwas förderlicher für meine Arbeit war die Einsicht des K. Weinhold'schen Werkes: »Die deutschen Frauen im Mittelalter«, 2. Auflage, Wien 1882, dem ich, trotzdem es nur wenig das romanische Gebiet berührt, über manchen Punkt Aufklärung verdanke. Auch Gautier behandelt in seinem neuesten Werke: »La Chevalerie«, Paris 1884, die weibliche Kleidung. Er beschreibt S. 407 ff. den Anzug, den eine vornehme Braut am Hochzeitstage trägt, und gibt dann in Anmerkungen die wesentlichsten Merkmale der einzelnen Kleidungstücke; doch stützt er sich dabei weniger auf Belegstellen aus den Epen als auf Viollet-le-Duc: »Dictionnaire du mobilier«, Quicherat: »Histoire du costume en France« und A. Schultz: »Das höfische Leben zur Zeit der Minnesinger«, 2 Bde., Leipzig 1879. Trotzdem habe ich Gautier wertvolle Notizen namentlich über *pelisson* und *bliaut* entnehmen können. Auch Schultz verdanke ich Manches, da derselbe eine grosse Anzahl der altfranzösischen chansons de geste für sein Werk ausgebeutet hat; doch sind ihm eine ganze Reihe von wichtigen Belegstellen namentlich bezüglich des *bliaut* und des Anzuges entgangen. Da er ausserdem sein Beweismaterial aus den verschiedenartigsten Quellen schöpft, so können seine Resultate keineswegs eine klare Vorstellung von der weiblichen Kleidung, wie sie die Dichter der chansons de geste schildern, gewähren. Stellte ich mir im Gegensatz hierzu die Aufgabe, Kleidung und Putz der Frau nach den französischen chansons de geste allein zu behandeln, so darf meine Arbeit vielleicht als eine bescheidene Ergänzung zu dem Werke von Schultz gelten, wenn auch die einzelnen Punkte, in denen ich von Schultz abweiche, keine absolute, sondern nur eine relative Gültigkeit beanspruchen können, da man auf Grund weniger Belegstellen in Texten, die räumlich und zeitlich eine verschiedene Entstehung hatten, noch keineswegs berechtigt ist, einen allgemein gültigen Schluss zu ziehen, wie dies Gautier in dem vorher citierten Werke S. 405 ff. zu thun geneigt ist.

Verzeichnis der Abkürzungen
der gelesenen Texte mit Angabe der gefundenen und benutzten Stellen.

A. — Aiol chanson de geste p. p. Jacques Normand et Gaston Raynaud
(Soc. des anc. textes fr). 2011 (109), 2017 (6), 2105 (29), 3751 (330),
6345 (111), 6630 (120), 8419 (26), 9312 (82).

A. d'A. — Aye d'Avignon chanson de geste p. p. MM. F. Guessard et
P. Meyer (6. Band von Les anc. poètes d. l. Fr.). 55 (162), 134 (204),
191 (141), 346 (270), 914 (97), 2000 (290), 2523 (9), 3103 (73), 3701
(91), 3704 (245).

A. d. B. — Aus der chanson de geste von Auberi dem Burgunden hrsg.
von A. Tobler. 12,8 (291), 47,33 (76), 50,1 (256), 52,16 (288), 66,26
(282), 71,3 (79), 71,18 (197), 73,6 (116), 74,18 (110), 89,13 (22), 93,14
(22), 161,17 (22), 247,23 (131).

A. d. M. — Ansels de Mes, manuscrit L, Copie von Harff. 35d,1 (116),
45b,3 (307), 54b,4 (242), 55b,2 (244), 55b,5 (130), 55b,6 (278), 56d,33
(244), 59a,31 (244), 93c,18 (164), 93c,27 (313), 173c,22 (248).

A. et A. — Amis et Amiles und Jourdains de Blaivies, hrsg. von Konrad
Hofmann. 2. Aufl. 612 (23), 624 (157), 1161 (22), 2320 (8), 3423 (204).

A. et M. — Aigar et Maurin, fragments d'une chanson de geste proven-
çale inconnue, p. p. Aug. Scheler.

Agl. — Aus Agolant, hrsg. in: Der Roman von Fierabras provençalisch
von Imm. Becker. 1316 (289).

A. l. B. — Aubery le Bourgoing p. p. Tarbé. 48,3 (42), 68,23 (81), 87,5
(82), 87,15 (223).

A. l. Borg. — Aus Auberis le Borgignons, hrsg. in: Romvart von A.
Keller.

Alc. — Aliscans, chanson de geste p. p. MM. F. Guessard et A. de Mon-
taiglon (10. Band von Les anc. poètes de la Fr.). 1950 (196), 2238
(196), 2574 (178), 2748 (254), 2801 (219), 2850 (153), 2856 (169),
4041 (84), 4448 (35), 4474 (125), 8283 (89).

Aq. — Le Roman d'Aquin chanson de geste du XIIe siècle p. p. F. Jouon
des Longrais. 312 (136), 314 (273).

Asp. — Aus Aspremont, hrsg. in: Die altfranzösischen Romane der St. Marcus-Bibliothek, Proben und Auszüge von Imm. Becker.

Aub. — Auberon, hrsg. in: I Complimenti della chanson d'Huon de Bordeaux von A. Graf. 584 (237), 663 (238), 913 (235).

B. — Li roumans de Berte aus grans piés par Adenés li Rois p. p. M. Aug. Scheler. 274 (252), 592 (65), 720 (144), 742 (48), 802 (127), 828 (7), 1171 (66), 1379 (299), 1386 (298), 1410 (298), 1429 (24), 1774 (165), 1821 (17), 2150 (219), 3081 (298).

B. d. C. — Bueves de Commarchis par Adenés li Rois p. p. M. Aug. Scheler. 137 (183), 2098 (208), 2175 (325), 2283 (177), 2362 (205), 2426 (226), 3337 (321), 3339 (210), 3491 (117), 3663 (181).

Ch. d. N. — Li Charrois de Nimes, hrsg. in: Guillaume d'Orange von Jonckbloet. 1124 (333).

Ch. d. S. — Chanson de Syracon p. p. E. Stengel in: Romanische Studien I. S. 399.

Ch. O. — La Chevalerie Ogier de Danemarche par Raimbert de Paris p. p. J. Barrois. 58 (108), 1021 (99), 1025 (143), 1027 (5), 1029 (256), 2054 (134), 12076 (49), 12959 (327), 13003 (182), 13011 (304).

C. L. — Li Coronemens Looys, hrsg. in: Guillaume d'Orange von Jonckbloet. 1382 (284).

C. V. — Li Covenans Vivien, hrsg. in: Guillaume d'Orange von Jonckbloet.

D. d. M. — Doon de Maience chanson de geste p. p. M. A. Pey (2. Band von Les anc. poètes de la Fr.). 671 (216), 679 (211), 740 (207), 934 (309), 1189 (133), 3623 (156), 3631 (209), 3854 (204), 7906 (64), 7908 (212), 8671 (260).

D. d. R. — La Destruction de Rome, hrsg. in: Romania II. S. 6—48 von G. Gröber. 12,252 (308).

E. d. G. — Elie de Saint Gille chanson de geste p. p. Gaston Raynaud (Soc. des anc. textes fr.). 1401 (50), 1692 (74), 1697 (140), 2153 (36).

E. O. — Les Enfances Ogier par Adenés li Rois p. p. M. Aug. Scheler. 3793 (234), 8160 (251).

F. — Fierabras chanson de geste p. p. MM. A. Kroeber et G. Servois (4. Band von Les anc. poètes de la Fr.). 2016 (106), 2019 (267), 2026 (15), 2027 (2), 2029 (126), 2035 (132), 2040 (207), 3049 (263), 3076 (268), 3084 (215), 3104 (269), 3743 (196), 5049 (215), 5266 (61), 6017 (250).

F. d. C. — Le Roman de Foulque de Candie par Herbert Leduc de Dammartin p. p. Tarbé. 7,18 (53), 26,5 (292), 28,10 (292), 34,10 (96), 49,20 (17), 65,29 (179), 70,9 (114), 78,18 (121), 91,25 (295), 126,28 (147), 134,1 (115), 134,7 (285), 146,23 (39), 147,22 (217).

— Floovant chanson de geste p. p. MM. Michelant et F. Guessard (1. Band von Les anc. poètes de la Fr.). 434 (86), 501 (13), 1762 (112), 1768 (30), 1780 (16).

G. — Gaydon chanson de geste p. p. MM. F. Guessard et S. Luce (7. Band von Les anc. poètes de la Fr.). 3922 (158), 4680 (321), 5201 (275), 8626 (184), 8649 (139), 8660 (279), 8738 (279), 9611 (322), 9654 (326), 10844 (188).

Gar. l. L. — Li Romans de Garin le Loherain p. p. M. P. Paris. 2. Bde. I, 4943 (194), I, 4955 (206), II, 3,10 (171), II, 4,2 (32), II, 66,21 (172), II, 67,14 (33), II, 68, Variantes (228), II, 111,20 (10), II, 112,2 (231), II, 260,8 (198).

Gar. de M. R. — Li Rumanz de Garin de Montglauue in Romvart von A. Keller. 361,6 (63).

Gar. de M. St. — Bruchstück der chanson de Garin de Montglane, hrsg. in der Zeitschrift für rom. Phil. VI. S. 404 ff. von Edmund Stengel. 407,84 (207).

Gar. de M. — Garin de Montglane Manuscr. fonds français 24403, Bibliothèque nationale Paris, Copie von H. Müller. 8c,29 (125), 19d,30 (148), 20c,26 (152), 22d,23 (204), 24b,27 (206), 24c,2 (62), 28b,8 (129), 28b,10 (259), 28b,12 (261), 28b,19 (119), 36b,2 (209), 42d,28 (105), 51b,12 (31), 58c,5 (281), 66d,16 (262), 103c,21 (80), 109c,25 (197), 118a,28 (150).

G. d. B. — Gui de Bourgogne chanson de geste p. p. MM. F. Guessard et H. Michelant (1. Band von Les anc. poètes de la Fr.). 1752 (296), 4000 (163).

G. d. M. — Girbers de Metz par Jean de Flagy, hrsg. in Rom. Studien I. S. 442—552 von E. Stengel. 491,25 (25), 497,14 (103), 497,18 (222), 529,24 (34).

G. d. N. — Gui de Nanteuil chanson de geste p. p. M. P. Meyer (6. Bd. von Les anc. poètes de la Fr.). 58 (94), 437 (258), 479 (137), 751 (90), 1769 (69), 1959 (70), 2356 (37), 2440 (86).

G. d. R. — Gérard de Rossillon chanson de geste p. p. Francisque Michel. 363,28 (14), 366,18 (306).

G. et I. — Gormund et Isembard, hrsg. von Heiligbrodt in Rom. Studien III. S. 549.

G. d. V. — Aus Gerars de Viane, hrsg. in: Der Roman von Fierabras provençalisch von Imm. Bekker. 635 (122), 638 (232), 1771 (54), 2425 (71), 3926 (55), 4033 (286).

Gfr. — Gaufrey chanson de geste p. p. MM. F. Guessard et P. Chabaille (3. Band von Les anc. poètes de la Fr.). 782 (196), 1692 (168), 6086 (247), 7192 (167), 8537 (190), 9165 (320).

H. C. — Hugues Capet chanson de geste p. p. M. Le Mis De la Grange (8. Band von Les anc. poètes de la Fr.). 4020 (218), 4533 (43), 4547 (315), 4639 (41), 6080 (47).

H. d. B. — Huon de Bordeaux chanson de geste p. p. MM. F. Guessard et C. Grandmaison (5. Band von Les anc. poètes de la Fr.). 6864 (117), 7509 (25), 9121 (46), 9283 (247).

H. d. M. — Heruis de Mes, Manuscrit E, Copie von Hub. 3, 2,17 (337), 8, 2,3 (202), 8, 2,10 (224), 8, 4,15 (230), 8, 2,29 (229), 8, 4,5 (151), 11, 2,10 (101), 11, 2,13 (224), 12, 3,1 (85), 16, 3,5 (52), 17, 1,25 (44), 25, 2,17 (300), 25, 2,30 (85), 25, 3,6 (300), 25, 4,3 (60), 26, 1,14 (337), 28, 1,25 (331), 30, 1,5 (300), 43, 4,10 (128), 43, 4,13 (243), 66, 2,6 (149), 66, 3,24 (173), 66, 3,29 (239).

J. d. B. — Jourdains de Blaivies cf. A. et A. 597 (45), 1495 (1).

Ks. R. — Karls des Grossen Reise nach Jerusalem und Constantinopel, hrsg. von E. Koschwitz, 2. Aufl. 20 (253), 272 (57).

Loh. Q. — La chanson des Loherains Handschrift Q, Copie von Heuser. 130a,1 (155), 133a,35 (154), 144a,37 (117), 171b,7 (248), 181c,7 (70), 181c,10 (124).

M. — Macaire chanson de geste p. p. M. F. Guessard (9. Band von Les anc. poètes de la Fr.). 491 (104), 525 (195), 696 (166), 1500 (171), 1578 (197), 1639 (205), 1711 (83), 1773 (248), 2232 (165), 3294 (176), 3606 (28).

Main. R. — Mainet, p. p. Gaston Paris, Romania IV, S. 305. 321,67 (314), 325,83 (93), 332,48 (18).

M. G. — Li Moniages Guillaume, ed. von Konrad Hofmann in den Abhandlungen d. Münch. Akad. 1852.

M. d. G. — La mort de Garin Le Loherain, poëme du XIIe siècle p. p. M. Edélestand du Méril. 10,3 (19), 18,15 (310), 20,16 (312), 24,16 (287).

O. — Otinel chanson de geste p. p. MM. F. Guessard et H. Michelant (1. Band von Les anc. poètes de la Fr.).

P. d'O. — La Prise d'Orange, hrsg. in Guillaume d'Orange von Jonckbloet. 660 (107), 664 (293), 683 (98), 1884 (72).

P. d. P. — La Prise de Pampelune, hrsg. in »Altfranzösische Gedichte aus venetianischen Handschriften« von Adolf Mussafia.

P. l. D. — Parise la Duchesse, chanson de geste, p. p. MM. F. Guessard et L. Larchey (4. Band von Les anc. poètes de la Fr.). 2074 (220), 3076 (87), 3078 (241), 3087 (248), 3093 (249).

R. — La chanson de Roland p. p. Léon Gautier. 637 (271).

R. S. — Fragments uniques d'un roman du XIIIe siècle sur la roine Sebille p. p. Aug. Scheler, Acad. roy. de Belgique, Bulletin avril 1875.

R. d. C. — Li Romans de Raoul de Cambrai et de Bernier p. p Edw. le Glay. 45 (334), 52 (317), 1017 (68), 3659 (193), 5249 (4), 5566 (40), 5569 (220), 6158 (329), 6166 (276), 6224 (67), 6255 (44), 7248 (131), 8181 (145), 8188 (175), 8495 (77).

R. d. M. — Renaus de Montauban ou les quatre fils Aymon p. p. H. Michelant. 13,37 (297), 113,25 (298), 114,4 (215), 134,19 (56), 400,5 (75), 401,25 (319).

R. d. R. — Le Roman de Roncevaux p. p. Francisque Michel. 317,1 (20), 317,4 (302), 318,23 (162), 318,25 (286), 331,23 (305), 331,24 (324), 322,3 (17).

S. — La chanson des Saxons par Jean Bodel p. p. Francisque Michel, 2 Bde. I, 115,8 (78), I, 115,10 (244), I, 120,6 (306), I, 235,2 (11), II, 15,3 (277), II, 18,14 (280), II, 34,18 (283).

Allgemeines.

Bei der geringen Bedeutung, welche die Frau in einer ganzen Anzahl von altfranzösischen chansons de geste hat, begreift es sich, wenn die auf die weibliche Kleidung bezüglichen Stellen in diesen Gedichten nur sehr spärlich ausfallen. ·Dahin gehören: A., A. et A., Agl., Aq., B. d. C., C. L., Ch. d. N., D. d. R., E. d. G., E. O., G. d. B., G. d. R., Gfr., J. d. B., Ks. R., Main., P. l. D., R. d. M., S. Mehrere Epen sind sogar ganz frei davon, so: A. et M., Ch. d. S., C. V., G. et I., M. G., O., P. d. P., was, wie auch bei den vorher genannten, zum Teil in dem geringen Umfange derselben begründet liegt. In andern chansons spielt die Frau eine bedeutendere Rolle. Sie greift gewichtig in die Handlung ein, indem sie Geld und Mannen für den Helden herbeischafft, die Burg verteidigt, ja selbst verwundet und getötet wird. Daher sind diese chansons besonders reich, ja sie sind am reichsten von allen Epen an Schilderungen der weiblichen Kleidung, so namentlich die Lothringer, A. d'A., A. d. B., Alc., Ch. O., F. d. C., Gar. d. M., G. d. N., R. d. C.; doch erklärt sich dieser Reichtum zum Teil auch aus der beträchtlichen Länge der Gedichte. Hieran reiht sich auch B., welches die Schicksale der unglücklichen Titelheldin schildert und zahlreiche, wenn auch kurze Beschreibungen der weiblichen Kleidung enthält.

Im Allgemeinen finden sich in fast allen Epen der früheren oder der späteren Zeit dieselben Kleidungsstücke erwähnt; nur einzelne von ihnen machen Ausnahmen. So werden Hausschuhe [*escapins*] nur ein einziges Mal erwähnt, und zwar in Gar. l. L.

10). Dass die Frauen das Hemd während der Nacht nicht ablegten, wird nur in zwei Gedichten, welche nicht zu den ältesten zählen, in Main. (18) und A. et A. (23) gesagt. Nur in B. wird das Büsserhemd *haire* genannt (24), *lange* nur in A. (26) und mit dem *auqueton* zusammen in S. (11). Für A. sind die keilförmigen Einsätze [*giron*] (109) und die *chainse* (29), für Fl. die *gonnale* (30) charakteristisch: beide Kleidungsstücke habe ich sonst nirgends angetroffen. Verhältnismässig selten sprechen die Dichter von der *cote* ebenso von den langen Prunkärmeln. Dass die Frauen am Gürtel ein Täschchen [*aumosnière*] trugen, in dem sie Geld und Wohlgerüche aufbewahrten, davon habe ich im ganzen Bereiche der Karlsepen keinen Beleg gefunden. *Bliauz* mit zackenförmigen Einschnitten am Saume [*bliaut entaillié*] erwähnen nur Fl. (86) und G. d. N. (86). Im H. d. M. allein kommt die *gipe* vor. Die Kappe findet sich nur in einer beschränkten Anzahl von chansons, als: A. d. B., F. d. C., H. d. M. und Gar. d. M., nur in letzterem der *caperon* (152). Dass die Frauen in Fällen der Not zur Verteidigung der Burg oder der Stadt die Ritterrüstung anlegten, ist allein in Alc., F., Gfr. und A. d. M. erwähnt. Der Kopfputz wird in allen Gedichten als derselbe geschildert, nur der F. steht mit der Erwähnung des Haarnetzes [*filet*] allein da (207). Nur in wenigen chansons: A. d. B., Ch. O., G. d. N. kommt die *guimple* vor, im Gar. d. M. allein der *trecheoir* (259). Hüte habe ich nur in D. d. M. (260) und Gar. d. M. (261) angetroffen. *Afiches* finden sich nur in A. d'A. (270), *noches* ebendaselbst (270) und im Rolandsliede (271), während Ringe in fast allen Gedichten erwähnt sind. Nur in F. d. C. (292) werden Handschuhe genannt, in P. d'O. allein der Fächer (293). Nur in wenigen chansons finden sich Schilderungen von Schmuckgegenständen, denen wunderbare Kräfte innewohnen, so im F. (267), A. d. B. (291), A. d'A. (290), Agl. (289) und A. d. M. (244).

Zeigen die Dichter die Vorliebe, die Heidenfrauen im Gegensatz zu den christlichen Frauen dem Charakter nach vorzugsweise als sittlich schlecht hinzustellen*), so machen sie, und das gilt als bemerkenswerte Thatsache für alle Epen, in Bezug auf die weibliche Kleidung keinen Unterschied zwischen diesen und jenen. Sarazeninnen tragen dieselben Kleidungs- und Schmuckstücke wie Christinnen, sie verfertigen sich ebenso wie diese ihre Kleider.

Für H. d. M., die Lothringer, A. d'A. sind ausführliche Schilderungen der Frauenkleidung charakteristisch, vereinzelt finden sich solche in A. l. B., E. d. G., Ch. O. und Aq., die ausführlichste und umfangreichste in F. Kurze Beschreibungen enthalten ausser B.: R. d. C., G. d. N., Alc. und M. Solche allgemeiner Art kommen ausser in B. d. C. besonders in Gar. d. M. und M. vor. Schilderungen von Verkleidungen bin ich nur im Fl. (16), Gar. d. M. (262) und A. d. B. (255) begegnet.

Durch Vergleichung dieser Schilderungen ergeben sich aber kaum einige Resultate, welche auf die Benutzung resp. Entlehnung eines Dichters von einem andern einen Schluss zu ziehen erlaubten; auch ist es misslich, auf Grund der Ähnlichkeit oder Übereinstimmung je einer Stelle in zwei Gedichten oder einer bestimmten Art verhältnismässig nur sehr spärlich eingestreuter Stellen Beziehungen zwischen den einzelnen Epen aufzudecken. Nur etwa folgende Stellen wären dazu geeignet:

Bei der Beschreibung eines Ringes sagt der Dichter von A. d'A.:

> Tant[e] bonne aventure l[i] avoit Diex donnée
> Fame qui l'ait o soi n'iert ja desvirginée
>
> A. d. A. 2004.

Der Dichter des A. d. B.:

> Qui molt est bons et moult grant vertu a:
> Hom qui le porte, ia hounis ne sera,
>
> A. d. B. 12,9.

Noch mehr stimmen wohl folgende Stellen überein, wo es sich ebenfalls um einen Ring handelt:

> »Borgoins«, dist ele, »cestui ne perdés ia,
> Gardés le bien, grans honours vos venra.«
>
> A. d. B. 12,12.

---

*) cf. Krabbes: »Die Frau in den altfranzösischen chansons de geste«, Dissert. Marburg 1884.

> gardez le bien, car il a grant bonté.
> se le perdez, iamais n'iert recovré.
> Agl. 1318.

Ferner finden sich im D. d. M. und Gar. d. M. zwei einander ähnliche Stellen:

> D'un diapre a fin or fu vestûe et parée,
> Cote en ot et mantel; moult fu bel atornée.
> D. d. M. 7906.
> D'une propre de soie par lius bien bordée
> Ot cote et mantel molt fu bien atornée.
> Gar. d. M. 8,3,30.
> De pourpre de soie par leus a or bendée
> Et ot cote et mantel molt fu bien atornée
> G. d. M. R. 361,7.

Auch F. und Alc. stimmen in einer Stelle nahezu überein:

> Cascune avoit vestu .1. haubert fremillon,
> Et lacié en son cief .1. vert elme réom.   F. 3744.
> Cascune aura le haubert jaserant,
> Et en son cief le vert elme luisant,   Alc. 1950.

Ebenso ergeben sich auch zwischen B. d. C., Ch. O. und Gar. l. L. gewisse Beziehungen durch folgende Stellen:

> Mameletes duretes a souz son peliçon,
> Qui un poi li soulievent son vermeil siglaton.
> B. d. C. 3337.
> Les mameletes li aloient pognant
> Come dus pomes duretes aparant,
> Que un poi vont son bliaut sus levant.   Ch. O. 12076.
> Les mammelettes il vit amont sallir
> Que li soslievent le peliçon hermin.   Gar. l. L. II, 4,2.

Sehr ähnlich sind auch je eine Stelle im Garin de Montglane und Doon de Maience:

> Sor ses espaules sont si bel cauel luisant
> Qui sont plus esmeré de fin or reluisant.
> Gar. d. M. 36, 2,2.
> Par ses espaulez sunt ses biaus cheveus gesant,
> Qui plus sunt esmeré que fin or qui resplent;
> D. d. M. 3632.

I. Die einzelnen Kleidungsstücke.

Für die Schuhe der Frauen finden sich in den chansons de geste die Namen *sollers*[1], *sauler*[2], *solers*[3], *souler*[4], einmal mit dem Zusatze *de cordoant* (elyptisch für *de cuir cordoant*). Dieser Zusatz erklärt sich dadurch, dass nach Weinhold II. 264 das Leder von Cordova besonderen Ruf genoss. Man wird daher auch den Ausdruck *solers cordoans* gebraucht haben, obwohl ich keinen direkten Beleg dafür beizubringen vermag; doch erklärt sich die für *solers* begegnende Bezeichnung *cordoans*[5] nur als Verkürzung aus jenem Ausdrucke. Sonst wird von den Frauenschuhen nur noch gesagt, dass sie eng anliegend[5], mit Tressen verbrämt[6], mit Gold- und Silberfarben bemalt waren[2,5], oder dass das Oberleder schachbrettartig gemustert war, so dass die einzelnen Quadrate verschieden gefärbt waren[3].

Anmerkung: Schultz I. 188 hat *pointuré* fälschlicher Weise mit »gestickt« übersetzt, doch deuten die Belege (9, 12, 199, 210) bei Zeller: »Die täglichen Lebensgewohnheiten im altfranzösischen Karlsepos«, Diss. Marburg 1885, zweifelsohne auf »bemalt« hin, während kein einziger Beleg zur Annahme der Bedeutung »gestickt« zwingt.

Nicht immer waren die Damenschuhe dauerhaft genug, denn es wird einmal erzählt, dass das Leder von dem Stosse an einen Kieselstein zerriss, so dass die unglückliche Bertha

---

1) Chauces de paile, sollers de cordoant,   J. d. B. 1495.
2) Si sauler furent rike, menu eskierkeré,
   D'argent et de fin or estoient painturé.   F. 2027.
3) Unes cauches mout riches, solers bien pointurés;   E. d. G. 1696.
4) Dame Aalais cort la gambe enbracier,
   Et le souler doucement a baisier.   R. d. C. 5249.
5) Ele ot caucié. un cordoans estrois,
   Panturé furent à or sarracinois.   Ch. O. 1027.
6) Chauches ot de brun paile, soulers a liste.   A. 2013.

sich ihren Fuss verletzte⁷. Hinsichtlich des Anziehens der Schuhe finden sich nur ganz einfache Erwähnungen [*ot cauciés*, *s'a chaucie*⁸, *chauça*⁹]. Für Hausschuhe [*escapins*] habe ich nur einen Beleg gefunden¹⁰; auch Schultz stützt sich nur auf diese eine Stelle. Für gewöhnlich scheinen die Frauen früh Morgens nach dem Aufstehen wenigstens im Sommer barfuss gegangen zu sein¹¹/¹². Im Floovant findet sich noch erwähnt, dass die Magalie sich ohne Schuhe aus dem Schlosse nach der Wohnung ihres Geliebten begiebt¹³, und im Gérard de Rossillon, dass die Königin an einem hohen kirchlichen Festtage ohne Fussbekleidung zum Münster geht¹⁴.

Von den Schuhen werden die *chauces*⁶ [*cauches*⁸, *cauces*¹⁵] streng unterschieden.¹/⁸/⁶, Kleidungsstücke, welche die Unterschenkel bedeckten und stets vor den Schuhen angelegt wurden¹/⁸/⁶. Es sind also darunter jedenfalls Strümpfe zu verstehen. Der Stoff, aus dem diese Strümpfe verfertigt wurden, wird als *paile*¹/⁶ bezeichnet. (Über *paile* vergl. 305 ff.). Ein Mal wird die Farbe des Stoffes als braun angegeben⁶. Die Strümpfe der Frauen, welche zum festlichen Anzuge gehörten, waren kostbar ausgestattet³ und bisweilen mit goldenen Streifen oder Plättchen geschmückt oder eingefasst¹⁵.

7) Si durement s'estoit hurtée à un chaillo
   Que parmi son soler ot en son pié un tro.   B. 828.
8) Un diemenche que il fut esclairié
   Lubias s'a et vestu et chaucié;   A. et A. 2320.
9) La dame s'esveilla et chauça et vesti.   A. d'A. 2523.
10) Toute dolante hors de la chambre issit;
    Desafublée, chaucie d'escapins,   Gar. l. L. II, 111,20.
11) Au matin fu levée, por la douce saison,
    Toz nuz piez et an langes et pur son auqueton.   S. I, 235,2.
12) Mirabeus la pucele est remesse en .1. tertre,
    Toute descauce en langes, nus piés estoit la bele,
    Si com en cele nuit que les noces sont faites.   A. 8419.
13) La pucelle desvaule, contreval le plainchié,
    Nu piez, eschavolée, portoit .1. espervier.
    A l'ostel Floovant s'an vai esbeloier;
    Delez lui s'est asise la pucele au vis fier.   Fl. 501.
14) Idonc fu grant la noise et le tambuz
    De moines, de chanoines, de clerz menuz.
    La réine à mostiers vait piez toz nuz;   G. d. R. 363,28.
15) Cauces avoit moult rices, de paile à or freté,   F. 2026.

Dass die Frauen ähnlich wie die Männer Unterbeinkleider [*braies*] getragen hätten, vermag ich mit vorliegendem Material nicht festzustellen. Durch das Fehlen von Belegen wird vielmehr nur die von Schultz I. 188 und Weinhold II. 263 ausgesprochene Vermuthung, dass das weibliche Geschlecht sich keiner Unterbeinkleider bedient habe, bestätigt. Nur an einer Stelle wird erzählt, dass ein junges Mädchen *braies* anzog. Es waren dies aber Männerbeinkleider, welche sie nebst andern anlegte, um in dieser Verkleidung den Verfolgungen ihres Vaters zu entgehen[16].

Unmittelbar auf dem Körper trugen die Frauen das Hemd [*chemise*[17], *cemise*[18], *chainsil*[19]]. Nach Schultz I. 189 trug man für gewöhnlich leinene, hanfene oder wollene Hemden: die vornehmen Damen konnten sich allein den Luxus seidener Hemden erlauben, und auch diese werden so theure Kleidungsstücke nur an Fest- und Feiertagen angelegt haben. So trägt die Aude an ihrem Hochzeitstage ein Hemd aus Seide von Aumarie[20]. (Ueber Aumarie vergl. 325). Nach Schultz I. 189 fiel das Hemd in reichen Falten bis auf die Füsse, der Halsausschnitt war mit Stickereien verziert und mittelst einer Agraffe geschlossen. In den chansons de geste wird nur erwähnt, dass dasselbe von weisser Farbe war[21]. Das Hemd

16) La pucelle iert mult prouz et si fut mout vailant
Blainche chemise et braies a vestu metenant,
Qui furent à Richier, lou ardi combatant,
Et par desures vet une cote avenant,
Et puis apres .l. porpre qui moult estoit saanz. Fl. 1780.
17) Trestoute nüe par delez le vergier,
Fors ma chemise que ne volz despoillier. R. d. R. 322,3.
Suer Justabel, fille de la marquise
Nule plus gente ne se vest de chemise. F. d. C. 49,20.
La vielle de paour tremble souz sa chemise B. 1821.
18) Galiiene la bele vera Mainet se presante,
De les hui se coucha en sa cemise saingle: Main. Rom. IV, 332,48.
19) Vint en la chambre a bele Biatriz;
Ele cosoit un molt riche chamsil, M. d. G. 10,3.
20) Cist mariaiges ne puet demorer mie.
Lors l'a Guibors moult richement vestie:
Elle ot chemise de soie d'Aumarie, R. d. R. 317,1.
21) Une chemise blanche *com* flor de pré
Ont lors vestüe Beatri au vis cler. H. d. M. 8,2,3.

wurde des Nachts in der Regel abgelegt[22]; nur zwei Belege, welche Zeller (29) übersehen hat, stimmen hiermit und auch mit Schultz, der I. 168 dasselbe aussagt, nicht überein[23/18]. Einmal genannt ist das Büsserhemd [*haire*[24]].

Anmerkung: Männer trugen auch wohl Hemden von *samis*[25]. Ueber *samis* vergl. (310).

Nach La Curne de Sainte Palaye trugen die Armen, Mönche und Pilger ein wollenes Kleid, *lange* genannt, welches dem Hemde der Vornehmen entsprach. Schultz I. 496 übersetzt *lange* einfach mit »Hemd«. Heidsiek erwähnt es gar nicht. Wahrscheinlich war es ein hemdartiges Gewand, das bei vornehmen Damen entweder allein[26], oder mit dem *auqueton*[27] den Haus- oder Morgenanzug bildete. Der *auqueton*[28] selbst war nach La Curne ein Leibrock, den der Ritter unter der Rüstung trug. Nach Schultz's (I. 226) Vermutung war er ein

---

22) Et Lubias a les siens dras tolus,
Delez le conte s'a couchie nu a nu,   A. et A. 1161.
Isnelement en la chambre est uenüe;
Les dras souslieue, n'i fait plus atendüe,
Jouste le duc se cuida couchier nüe.   A. d. B. 161,17.
Elle respont: — »Ne place au roi Jhesu!
Ains m'ociroie d'un cotel esmoiu,
Que je [ja] jisse avec lui nu a nu!«   A. d. B. 93,14.
Quant en mes bras toute nüe gerrés,   H. d. B. 7509.
Ja ne giroi a vostre coté nu.   A. d. B. 89,13.

23) »Biaus sire Amile« dist la franche meschinne,
Je vos offri l'autre jor mon service
Dedens ma chambre en pure ma chemise.   A. et A. 612.

24) Ne vivoit fors de pain et d'yaue au samedi,
Et si vestoit la haire toujours le venredi,
En l'onnour de Jhesu qui pardon fist Longi.   B. 1429.

25) Si li coupai le pelison hermin
Et la chemise qui estoit de samis.   G. d. M. 491,25.

26) Mirabeus la pucele est remesse en .I. tertre,
Toute descauce en langes, nus piés estoit la bele,
Si com en cele nuit que les noces sont faites.   A. 8419.

27) Au matin fu levée por la douce saison,
Toz nuz piez et en langes et pur son auqueton.   S. I, 235,2.

28) Et sa moillier n'en avoit peliçon;
Mal vestīe ert et andui si garçon,
Et Varochers n'i fist arrestison,
Tos les vestit de paile, d'auqueton.   M. 3606.

mit Baumwolle wattiertes Gewand. Da er über die *lange* angelegt wurde[27], so war er wahrscheinlich ein rockartiges Kleidungsstück und, wie der Name sagt, von Baumwolle.

Anmerkung:. Als Stoff findet sich *auqueton* ausser 28 in Elie's afrz. Übertragung von Ovids Ars amandi.

Ein ähnliches Gewand war das nur einmal erwähnte *cainse*[29]. Nach Heidsiek war es ein weiss-leinenes, mit Ärmeln versehenes und dem Hemde ähnliches Gewand, das bei ärmeren Frauen als Hauptgewand diente. La Curne erklärt es als ein Überkleid, welches die Landbewohner tragen; nach Diez ist es ein einenes Gewand und zugleich das Messhemd der Priester. Im Aiol wird gesagt, dass *cainse* als Hauskleid getragen und geschürzt wurde, und dass es zum Zuknöpfen eingerichtet war[29].

Die gleichfalls nur einmal erwähnte *gonnale*[30] muss auch ein Unterkleid gewesen sein, denn im Floovant wird erzählt, dass die Maugalie über dieselbe andere und zwar Männerkleider als Hemd, *braies* und *cote* anlegte[30/16]. Ein Hemd, wie La Curne *gonnale* deutet, wird sie schwerlich gewesen sein, ebenso kaum ein Rock, da die Maugalie diese beiden Kleidungsstücke besonders über die *gonnale* anzieht. Diez deutet *gonnelle* als einen Weiberrock, vom Gürtel bis zur Ferse reichend, Schultz I, 226 erwähnt dieselbe nur bei der Beschreibung der Männerkleider und erklärt sie als ein vielleicht nur durch den Schnitt von dem gewöhnlichen Rocke abweichendes Kleid. Aus der einen Stelle im Floovant ergiebt sich Näheres über dieselbe leider nicht.

Die Kleider, welche die Frauen über dem Hemde zu tragen

---

29) Adont vint la pucele par le maison
Rebracie d'un cai[n]se fait a boton: A. 2105.

30) A pié est desçandüe la cortoise la bale;
Richiers ai reçéue antre ses braz la bale.
Puis vesti autres dras por desus sa gonnale;
Si comme chevalier s'atorne la pucele.   Fl. 1768.

pflegten, sind *cote*[31], *peliçon hermin*[32] [*pelisson hermin*[33], *pelison hermin*[34], *pelichon ermine*[35], *pelichon hermin*[36], *hermin pelichon*[37], *ermin pelichon*[38], *ermin peliçon*[39], *peliçon d'ermine*[40], *peliçon*[221], *pelichon*[41], *pelice*[42], *pelyson*[43], *hermine*[44], *herminne*[45], *ermine*[46],

31) Ceans fait si grant froit tote sui tresfuée
Fors ma cote n'en ai dont puisse estre afublée. Gar. d. M. 51b,12.
32) Les mammelettes il vit amont sallir
Que li soslievent le peliçon hermin. Gar. l. L. II,4,2.
33) Ens en la chambre monterent por vestir.
Vestent bliaus et pelissons hermins. Gar. l. L. II, 67,14.
34) Bien fut vestüe d'un pelison hermin, G. d. M. 529,24.
35) Venés ent, frere, en ma chambre perine;
Je vos donrai mon pelichon ermine, Alc. 4448.
36) Rosamonde la bele va véir son ami;
En son dos a vestu .i. pelichon hermin. E. d. G. 2153.
37) Le tornoi commencha devant lez paveillons.
Les pucelez s'en issent pour véir lez barons;
Plus en i ot de .xxx. as hermins pelichons. G. d. N. 2356.
38) Et tenoit la puchele par l'ermin pelichon. Gfr. 8562.
39) Larmes li vont as yeux, qui filent à bandon.
Moillié en ot la face, et l'ermin peliçon,
Et le riche mantel fourré de syglaton. F. d. C. 146,23.
40) Lors a vestu .i. peliçon d'ermine,
Et par deseur .i. vert bliaut de siie. R. d. C. 5566.
41) S'y menez Blancheflour en pur son pelichon, H. C. 4639.
42) Je li eüsse ma pelice donnée,
Non pas la bonne, mès la plus descirée. A. l. B. 48,3.
43) Quant le roïne l'ot, sy rougy le visaige;
Son pelyson vesty qui fut de bel ouvraige. H. C. 4533.
44) Por l'amor Deu *congié* vos me donez
Si *prenez* sire *mon* mulet effautré
Mon fres hermine mon bliat d'or freset. H. d. M. 17,1,25.
A une table se huerta de son chief
Si que le sanc en convint jus glacier;
Sainglant en ot son hermine delgiet
Et son mentel à fin or entailliet. R. d. C. 6255.
45) La gentiz damme ne s'asseüra mie.
Appareillier a fait sa compaingnie,
A mienuit issent fors de la ville,
Son fil emporte el pan de son herminne. J. d. B. 597.
46) Sire, dist ele, je sui moult asoplïe;
Li cors me tranle sous l'ermine deugïe. H. d. B. 9121.

Ausg. u. Abh. (Winter). 2

ermin[47], *robe*[48], *bliaut*[49] [*bliau*[50], *bliat*[51], *blial*[52], *bliant*[53]], *paile*[54] [*paille*[55], *pale*[56], *palie*[57], *poile*[58]], *gipe*[59] [*gipe de gris*[60]].
— Die *cote* war ein Unterkleid[61], das bis auf die Füsse herabreichte und beim Gehen nachschleppte[62]. Ueber den Hüften wurde sie vermittelst eines Gürtels zusammengehalten[63]. Diese drei Punkte vermag ich jedoch nur mit je einem Belege zu stützen. Nach Schultz I. 195 war sie am Halsausschnitt durch eine Spange geschlossen und mit Pelzwerk an Hals und Ärmeln besetzt. Die *cote* wurde aus verschiedenen Stoffen angefertigt;

---

47) Il vint à le roïne, si le prist par l'ermin,   H. C. 6080.
48) Dou mal tans ert sa robe un poi pesans et sale.   B. 742.
49) Les mameletes li aloient pognant
    Come dus pomes duretes aparant,
    Que un poi vont son bliaut sus levant.   Ch. O. II, 12076.
50) Rosamonde la bele s'estut a la fenestre,
    Vestü(e) ot un bliau d'un paile de Biterne
    Afublé un mantel, a mervelles fu bele.   E. d. G. 1401.
51) Acemé ont le sien cors seignori,
    Ele ot uesti vne gipe de gris
    Et un bliat un mantel sebelin.   H. d. M. 11, 2, 10.
52) Adonques font Beatrix amene[r];
    D'un chier blial avoit son cors paré.   H. d. M. 43, 4, 10.
53) El pavement se dreça; molt fu gente,
    Et fut vestüe d'un vert bliant d'Otrante.   F. d. C. 7, 18.
54) E vos Audain la bele leschevie.
    vestüe fuit d'un paile damarie.
    à un fil d'or tressïe par maistrie.   G. d. V. 1771.
55) Dame Guibors fors d'une chambre issi.
    par la main destre tint bele Aude leiz li.
    et fut vestüe d'un paille signori.   G. d. V. 3926.
56) Atant es la contesse, s'ot .I. pale vestu;   R. d. M. 134, 19.
57) E treis milie pulceles a orfreis reluisant.
    Vestües sunt de palies, les cors unt avenanz.
    E tienent lur amis, si se vunt deportant.   Ks. R. 272.
58) Sous .I. poile d'Otrente devant lui les ont mois. (!)   F. d. C. 134, 9.
59) Prenez ma gipe et mon pelison gris
    Et mon mantel et mon cecle d'or fin. (!)   H. d. M. 16, 3, 5.
60) »Sire«, dist ele, »ne vos esmaier si
    Ancor ai ge ma grant gipe de gris
    Et mon mantel et mon cecle d'or fin.«   H. d. M. 25, 4, 3.
61) Trestoute deffublée en cote repaira;
    .I. diapre a vestu, ki luist et flamboia;   F. 5265.
62) Cote ot d'un bogeran a tere traïna
    La chainture qu'ot cheinte .xxx. libre[s] costa.   Gar. d. M. 24c, 2

genannt wird Seide[164], *pourpre*[63], *diapre*[64], weisser *bliaut*[65] und *bogeran*[63]. (Ueber die Stoffe vergl. 308 ff.). Ein dauerhaftes Gewand scheint die *cote* nicht immer gewesen zu sein, denn es wird einmal erzählt, dass die unglückliche Bertha bei ihrer Wanderung durch den Wald sich dieselbe mehrfach an den Dornen zerriss[66].

Der von Schultz I. 193 nur kurz erwähnte *pelisson hermin* war ein Pelzrock, der nach Gautier 405 in der Weise angefertigt wurde, dass ein Hermelinpelz zwischen zwei Stoffen eingeschlossen wurde, so dass derselbe nur am Rande des Kleidungsstückes, an Ärmeln und Hals hervortrat. Der eine der beiden Stoffe, der die Innenseite ausmachte, war von Leinwand, der äussere von kostbarer Seide; die Art der Herstellung wird in den chansons de geste nur angedeutet durch *peliçon d'ermine*[40]. Da der *pelisson* in der Regel mit Hermelin gefüttert war, so nannte man ihn häufig schlechthin *hermin*[44-47].

Die Fütterung des *pelisson* bestand aber nicht immer aus dem kostbaren Hermelin, sondern bisweilen auch aus geringer geschätztem Pelzwerk, so aus Marderfellen[67], oder aus Fellen vom Rücken des grauen Eichhörnchens [*pelison gris*[50]]. *Pelice vaire*[68] war ein Pelzrock, der nach Schultz I. 272 mit den weissen Bauchfellen desselben Tieres mit grauen Rändern

---

63) Jamais aillor navroit son cuer et sa pensée
De pourpre de soie par leus a or bandée
Et ot cote et mantel molt fu bien atornée. Gar. d. M. R. 361,6.
64) D'un diapre à fin or fu vestüe et parée,
Cote en ot et mantel; moult fu bel atornée. D. d. M. 7906.
65) Le drap deseur sa robe li font tost despoillier,
Cote ot d'un blanc bliaut et mantel moult très chier. B. 592.
66) Quant vit son mantel gris dont ele ert afublée
Et sa cote qui ert en maint lieu despanée
Des ronces qui l'avoient ens ou bois descirée. B. 1171.
67) Lors commencha grant duel a demener;
Ront et dessire son frès ermine cler
Qe a la terre le fait jus avaler:
Goules de martre, ne vos vuel plus porter,
Quant j'ai perdu le millor baicheler. R. d. C. 6224.
68) Dame Aalais o le simple viaire
Avoit vestu une pelice vaire. R. d. C. 1017.

gesäumt gefüttert wurde, womit Littré im Wesentlichen übereinstimmt. Weiss II. 328 versteht unter *vair* ein Pelzwerk aus den zarten Bälgen der Zieselmaus. Die chansons de geste geben darüber keinen Aufschluss. Ausserdem trug man aber auch *pelissons*, die mit einer Mischung der beiden genannten Arten des Pelzwerkes gefüttert waren [*ermin et de ver et de gris*[69]]. *Hermin engoulé* ist nach Godefroy ein *hermin orné d'une goule ou collet*; *goule* ist nach Gautier 406 *encolure*, d. h. Halsausschnitt. Demnach bedeutet *hermin engoulé*[70] weiter nichts als einen Pelzrock, bei dem am Halsausschnitt die Fütterung hervortritt. Die chansons de geste bezeichnen den *pelisson* als *entailié*[71], d. i. nach Gautier 405 *orné de découpures en forme de langue*, d. h. der Saum war mit keilförmigen Ausschnitten oder Zacken verziert, ferner als *engrailé*[72], d. i. nach Scheler *muni de petites dents arrondies*, d. h. der Saum war mit runden Zacken geschmückt. Nur ein Mal habe ich gefunden, dass dieses Kleidungsstück mit Aermeln versehen war[73], und dass es über den Hüften mittelst eines Gürtels zusammengehalten wurde[74]. Der *pelisson* muss wohl bis auf die Füsse herabgereicht haben, denn im Jourdains de Blaivies wird erzählt, dass eine Frau ihren Sohn im Zipfel dieses Gewandes trug[45].

(69 Ayglentine amena l'abbes de Saint Denis.
O lui ot .u. pucelez qui sunt de son païs;
Vestüez sunt d'ermin et de ver et de gris.   G. d. N. 1769.

70) De filles et de merez ont mandéz assez
Tant qu'ils en orent .xxx. as hermins engoulés.   G. d. N. 1959.
Au matin font la pucele amené[r],
A grant merveille l'ont faite conréer
J. peliçon fres hermin engoulé.   Loh. Qu. 181c,7.

71) Aude se pasme sus le marbre entaillié.
Tant ait ploré ke tot en ait moillié
son fres bliaut et l'ermine entailié.   G. d. V. 2425.

72) Et dras de soie et hermins engrailez.   P. d'O. 1884.

73) Qui lors véist le duel que demeinne dame Aye!
De la manche d'ermine l'esvente et esbalaie;   A. d'A. 3103.

74) Ançois qu'ele vausist de la canbre torner
S'est faite la puchele gentement atorner:
En son dos a vestu .I. hermin engoulé,
D'une l'asnete d'or ot estrai[n]s les costés,   E. d. G. 1692.

Nach Gautier 403 wurde der *pelisson hermin* während des Sommers durch ein leichteres Kleidungsstück, welches nur gering gefüttert war, *robe* genannt, ersetzt. Die chansons de geste geben darüber keine Auskunft; nur einmal werden *robe* und *ermine* neben einander genannt[75]. Die *robe* reichte bis über die Füsse herab und schleppte beim Gehen nach[76], so dass sie, um dabei weniger hinderlich zu sein, geschürzt wurde[77]. Bisweilen war sie mit Hermelin gefüttert[78]. Ausserdem wird in den chansons de geste noch erwähnt, dass sie rundum mit Goldtressen verbrämt[79], ganz mit Gold durchwirkt[80] oder mit goldenen Sternen geschmückt war[78]. Reiche Gold- und Seidenstickereien waren bisweilen eingewebt, welche noch mit den kostbarsten Steinen verziert waren[81]. Der Saum war zackenförmig ausgeschnitten und ebenfalls mit Goldborte besetzt[82]. Den Stoff, aus welchem die *robe* angefertigt wurde, bezeichnen die epischen Dichter als *paille*[83], *cendel*[83] und *porpre*[78]. (Über diese Stoffe vergl. 304 ff.).

---

75) La duchesse art sa robe et lo vair et l'ermine, R. d. M. 400,5.
76) Robe de femme me prené(s) trainant,   A. d. B. 47,33.
77) La jantil dame fu formant effraée:
    Sa robe a escorcie et levée;
    A[u] prioré s'an est molt tost alée.   R. d. C. 8495.
78) Ele avoit robe antiere d'une porpre sanguine
    Estancelée d'or, forrée d'une hermine;   S. I, 115,8.
79) Dist la contesse »or tost sans demourée,
    Vestés ma robe, qui tot est d'or listée.«   A. d. B. 71,3.
80) Lors s'est cele tantost et vestüe et parée
    De robe qui d'or fin fu partraite et ovrée.   Gar. de M. 103c,21.
81) Si en a trait une robe parée,
    Qui est de soie et a fin or ouvrée.
    Onques si riches ne put estre trovée;
    Pierres i a de molt grant renomée.
        Sonneheut l'a donnée: A. l. B. 68,23.
82) En une chambre est Sonneheut entrée;
    Richement s'est vestüe et atornée,
    Et a la robe molt ricement parée,
    Que cil Lambert li avoit aportée;
    Toute ert à cousüe et gironnée;
    De rices oevres fu par lieus trejetée.   A. l. B. 87,5.
83) A la roïne a fait robes tailler
    Com il afiert, de paille et de cendel,   M. 1711.

Der *bliaut*, welchen Schultz I. 193 ebenfalls nur kurz erwähnt, war nach Gautier 404 ein Oberkleid, welches die Frauen in zwei verschiedenen Arten, als *bliaut simple* und *bliaut composé*, zu tragen pflegten. Die epischen Dichter kennen nur den *bliaut simple*. Dieser war nach Gautier 404 ein Gewand, welches häufig nur bis zur Mitte der Beine herabreichte und deshalb den unteren Teil des *pelisson* sehen liess; doch war es immerhin so lang, dass, wie im Aliscans erzählt wird, man sich stehend damit die Augen wischen konnte[84]. Der *bliaut* war bisweilen gefüttert [*bliaut osterin*[85]], wenn man der Erklärung von La Curne de St. Palaye, der *osterin* für ein Pelzfutter, hergestellt aus dem Gefieder des Habichts, hält, Glauben schenken darf. Schultz I. 261 vermutet darunter ein Purpurgewebe, von *ostrum* = Purpur. Demnach würde *bliaut osterin* nur einen *bliaut* aus diesem Purpurgewebe angefertigt bedeuten. Wie der *pelisson* war auch der *bliaut* bisweilen am Saume mit zackenförmigen Einschnitten verziert [*bliaut entaillié*[86]]. Nach den chansons de geste war der *bliaut* ein kostbares Gewand[87], das mit Gold durchwirkt war[88]. Der Rand war mit Goldtressen besetzt[89], oder es waren sonstige Gold-

---

84) Dame Guibors se drecha en estant;
A son bliaut va ses iex essüant.   Alc. 4041.

85) J'angaigerai ma grant gipe de gris
Et mon mantel mon bliaut osterin.   H. d. M. 25, 2,30.

(Je) L'acheterai volentiers non en vis.
Mais saisi li cest mulet arabis
Son secle d'or et la gipe de gris
Et le mantel le blial osterin,
.xv.ᴹ que d'ariant que d'or fin
Vos donrai je por la bele a cler vis.   H. d. M. 12,3,1.

86) Les puceles esgardent, qui lez corps ont legiers,
Plus en i ot de .xxx. as bliaus entailliés.   G. d. N. 2440.
Maugalie est as estres, la file Galié,
O le .xxx. pucelles à bliaus entailiez;   Fl. 434.

87) Et la fille au roi Hugue fu illuec amenée;
De moult riche bliaut fu la dame parée,   P. l. D. 3076.

88) Puis li vestirent .l. blial d'or ovré.   H. d. M. 8,2,5.

89) Dame Guiborc, qui molt avoit biauté,
Prist Aelis par le bliaut safré.   Alc. 8283.

verzierungen eingewebt⁹⁰/⁴⁴. In A. d'A. wird sogar ein *bliaut*
erwähnt, welcher mit Stickereien von bunten Vögeln geschmückt
und dessen Saum mit kostbaren Steinen ringsum verziert war[91].
Zur Verfertigung des *bliaut* bediente man sich verschiedener
Stoffe; genannt werden *paile*[50/92], *samis*[93], Seide [*soie*[94], *siie*[95]],
cendé[96], *porpre*[97]. (Ueber diese Stoffe vergl. 304 ff.) Der *bliaut*
war am Oberkörper mittelst Schnüren [*laz*[98]] eng geschnürt[98],
das Schnürband war bisweilen von Gold[99]. Ueber den *bliaut*
wurde ebenfalls ein Gürtel angelegt und dadurch der Wuchs
vorteilhaft hervorgehoben[96].

    Anmerkung: Bei der Beschreibung des *bliaut* übersetzt Schultz
I. 193 *taillié* mit »geschnürt«; es liegt wohl näher anzunehmen, dass

90) Ayglentine se lieve, plus fu blanche que nois;
    En son dos ot vestu .i. bliaut à orfrois,
    Ses crins ot achesmés belement à secrois.   G. d. N. 751.

91) La dame osta ses dras, s'a plus riche endossez,
    .i. bliaut d'Abilant à oysiaus colorez;
    De pierres precieuses fut tot entor orlés.   A. d'A. 3701.

92) Et prent les .ii. enfans soef que il nes quaisse,
    Ses a envelopés en .i. bliaut de paile;   A. 9312.

93) Et ma fille a moullier s'il velt par amistés,
    Orionde Galie od les crins acesmés:
    Ainc vestir ne daigna ne pailes ne cendés,
    Mais bliaus de samis a mailles d'or ovrés;   Main. R. 325,83.
    Tant par est belle que n'en sczoy le devis!
    En son dos ot ung bliaut de samit,   Aq. 312.

94) O soy enmaine Aye, onques si lié ne fu.
    D'un chier bliaut de soie a bien son corps vestu,
    Sez crinz out achesmez à .i. fil d'or batu.   G. d. N. 58.

95) Lors a vestu .i. peliçon d'ermine,
    Et par deseur .i. vert bliaut de siie.   R. d. C. 5566.

96) Dame Guibourt les sert de volenté.
    Et fu vestüe d'un bliant de cendé.
    Assez fu graile: si ot ceint un baudré.   F. d. C. 34,10.

97) Ains descendi a terre du mulet de Sulie,
    Et lesse aval coler son bon mantel d'ermine,
    Et remest ou bliaut de porpre d'Aumarie.   A. d'A. 914.

98) Là sist Orable, la dame o le cler vis.
    Ele est vestüe d'un peliçon hermin,
    Et par desoz d'un bliaut se samit,
    Estroit à laz par le cors qui bien sist.   P. d'O. 683.

99) Es Gloriande qui le cors ot à droit,
    Ben fu vestüe d'un cher paile greçois
    Et par-desus un bliaut à orfrois.
    Laciés fu d'un fil tor ben à destrois. (!)   Ch. O. 1021.

taillié hier den Sinn »ausgezackt« [vergl. *entaillié*] hat, oder es bezieht sich in der Bedeutung »zugeschnitten« auf die Verfertigung des ganzen Kleidungsstückes.

Der *bliaut composé* zerfiel nach Gautier 405 in drei Teile: a) das Schnürleib, b) den Rock, c) das Mittelstück, während Viollet-le-Duc nach Gautier deren nur zwei zugibt, indem er a) und c) als einen Bestandteil fasst. Der Rock [*jupe, gipe*] war an den oberen Teil angenäht, kürzer als das darunter liegende Gewand und an beiden Seiten aufgeschlitzt, so dass er vor- und rückwärts schürzenartig herabfiel. Quicherat lässt nach Gautier 405 nur eine Art des *bliaut*, den *bliaut simple* zu, indem er die *gipe* als ein über den *bliaut simple* angelegtes Schnürleib, also als selbstständiges Kleidungsstück deutet, während Gautier mit Viollet-le-Duc dieselbe als den mit dem *bliaut* fest verbundenen untersten Teil desselben erklärt. Die in den chansons de geste vorkommenden Belege, welche *bliaut* und *gipe* zusammen erwähnen, sprechen für die Ansicht Quicherat's. Die *gipe* war ein Kleidungsstück, das in der Regel mit Pelzwerk aus dem Rücken des grauen Eichhörnchens [*gris*] gefüttert wurde [*gipe de gris*[100]/[101]]. Das Beiwort *grant*[85]/[86] passt allerdings nicht recht zu der Deutung Quicherat's *corset* = Schnürleib, und man könnte dadurch fast auf den Gedanken kommen, die *gipe de gris* mit dem *pelisson gris*, die dem Worte nach dasselbe Kleidungsstück bedeuten, zu identificieren, wenn beide an einer Stelle[59] nicht ausdrücklich von einander unterschieden wären. Die *gipe* wurde, wie Quicherat nach Gautier 405 sagt, über[100] dem *bliaut* getragen; sie wurde aber, wie aus einer Stelle im Hervis de Mes deutlich hervorgeht, auch unter dem *bliaut* angelegt[101]. — Schultz I. 198 vermuthet unter der *gipe* ein kurzes Oberröckchen, doch gibt er keine nähere Beschreibung davon.

---

100) Une chemise blanche *com* flor de pré
Ont lors vestüe Beatri au vis cler,
Puis li vestirent .1. blial d'or ovré
Et une gipe de gris senz arrester.   H. d. M. 8,2,3.
101) Acemé ont le sien cors seignori.
Ele ot uesti une gipe de gris
Et un bliat un mantel sebelin.   H. d. M. 11,2,10.

Den *paile* fasst Gautier nicht als besonderes Gewand, wenn er 403 sagt, die *robe* der vornehmen Damen wurde in den meisten Fällen aus *paile* angefertigt. Auch Schultz, Weiss und Weinhold erwähnen kein Kleidungsstück, welches der *paile* einigermassen entspräche. Die *suckenie* kann es nicht gewesen sein, da dieselbe weit und faltig, die *paile* aber fest an den Körper geschnürt wurde [107/108]. Die Dichter der chansons de geste dagegen stellen *paile* als ein selbstständiges Gewand hin, indem sie dieselbe sowohl von dem *bliaut* [102], als auch von dem *pelison hermin* [103] streng unterscheiden. Nach der oben erwähnten Bemerkung Gautier's liegt die Vermutung nahe, dass der *pailes* mit der *robe* identisch sei, um so mehr, da beide zusammen in den Epen meines Wissens nicht genannt werden. Der *pailes*, welche vornehme Damen bei Festlichkeiten trugen, war in ähnlicher Weise mit Zierraten ausgestattet wie die *robe*. Sie war kreisförmig gemustert [104], oder mit goldenen Streifen besetzt [103/105], in welche Edelsteine von hohem Werte eingereiht waren [105]. Der Saum war mit Goldtressen besetzt [106], kostbare Seidenstickereien zierten die Zipfel des Gewandes [107], oder hellstrahlende Sterne von echtem Golde waren auf dasselbe gestickt [106]. Am Oberkörper wurde der *pailes* wie die

---

102) Es Gloriande qui le cors ot à droit,
Ben fu vestûe d'un cher paile greçois
Et par-desus un bliaut à orfrois.   Ch. O. 1021.

103) Et apres lui la franche enpereris,
Bien fu vestuîe d'un pelison hermin
Et par desuis d'un paile alixandrin
A bendes d'or. molt belement li cist.   G. d. M. 497,14.

104) Devant le roi la roîne ont mené
Si fut vestûe d'un chier paile roé.
Bel ot le vis come rose en esté;   M. 491.

105) Ricement fu vestûe d'un paile a or bendé
Les pieres qui i sont valent .1. conté.   Gar. d. M. 42d,28.

106) Vestûe fu d'un paile galucien saffré;
La fée qui l'ot fait l'ot menu estelé
D'estoiles de fin or qui jetent grant clarté..   F. 2016.

107) Là sist Orable, la dame d'Aufriquant.
Ele ot vestu un paile escarinant,
Estroit lacié par le cors, qu'ele ot gent,
De riche soie consue par les pans.   P. d'O. 660.

bisher erwähnten Kleidungsstücke eng geschnürt [107/108], vom Gürtel abwärts setzte man Keilstücke, sogenannte *giron* ein, welche das Kleidungsstück nach unten erweitern sollten, und wodurch man die reichen Falten desselben erzielte. Dieselben waren von verschiedener Farbe, blau, grün, indigoblau [109]. Diese Art der Anfertigung vermag ich jedoch nur mit einem Belege zu stützen. Schultz und Weinhold erwähnen meines Wissens diese keilförmigen Einsätze nur bei der Schilderung der Männerkleider.

Zu diesen Kleidungsstücken gehörten lange, weit herabhängende Prunkärmel [*manche* [110], *mance* [111], *mange* [112]]. Nach Schultz I. 191 waren dieselben wahrscheinlich nicht zum Ober- sondern zum Unterkleide zu rechnen und mit dem Hauptkleide nicht aus einem Stücke geschnitten, sondern sie wurden jedesmal erst erforderlichen Falles angeschnürt oder angeheftet. Die chansons de geste lassen dies nicht erkennen; in ihnen wird einmal der Ärmel des *pelisson hermin* erwähnt [113]. Sonst erfahren wir nur aus ihnen, dass die Ärmel aus *paile* [111] und *osterin* [114] angefertigt wurden, dass sie mit goldenen Tressen besetzt waren [115], und ausserdem die interessante Thatsache, dass man in ihnen sogar Kleidungsstücke trug [112]; cf. Schultz

---

108) Ele remest en paile d'outre-mer,
Estroit as las por le cors qui le pert.   Ch. O. I, 58.
109) Ele ot vestu un paile des(o)us l'ermine,
Li giron bleu et vert furent et inde,   A. 2011.
110) Conoistrai vos à l'escu de quartier
Et a la manche que vos ai fait baillier.   A. d. B. 74,18.
111) Robaus prist la pucele par le mance de paile: A. 6845.
112) Or me sui porpansée d'une avanture belle;
Ja ai ici un dras en ma mange senestre,
Trestoz taliez à laz, à Richier durent estre,
Je les vestirai jai, frans chevaliers onestes.   Fl. 1762.
113) Qui lors véist le duel que demeinne dame Aye!
De la manche d'ermine l'esvente et esbalaie;   A. d'A. 3103.
114) Si ot manche et pénon d'un osterin à flor,
Que li tramist Ganite, la fille à l'aumaçor.   F. d. C. 70,9.
115) Le Convers prist s'amie doucement par les dois,
Et Bertrans Ayglentine par la manche à orfrois.   F. d. C. 134,1.

L. 191. Solche Prunkärmel schickten die jungen Damen ihren Rittern als Liebespfand [110]/[114]/[116].

Über alle bisher genannten Kleider legten die Frauen den Mantel [*mantel*[117], *mentel*[44], *muntiau*[118], *mantiax*[119], *mantelet*[120]] an. Für *mantel* habe ich einmal die Variante *orel* gefunden[121]. In den chansons de geste wird neben dem gewöhnlichen langen noch ein kurzer Mantel [*mantelet*[120], *mantel cors*[122]] erwähnt, der sich hauptsächlich wohl nur wegen seiner Kürze von dem ersteren unterschied. Auch Heidsiek kennt diese beiden Arten des Mantels. Zur Verfertigung des Mantels verwendete man meistens kostbare Seidenstoffe, so

---

116) Si porterés ma manche, dous amis   A. d. B. 78,6.
     Es vos Beraut sour le ceval courent,
     . . . .
     Le lance ou puing à une mance pent
     Ki fu Florete la puciele au cors gent,
     Fille Milon le duc de Bounivent,
     Ki ert s'amie et l'amoit durement.   A. d. M. 35d,1.

117) La tres bele pucele verrons dedens son tré.
     Clarions de Valdune m'a dit par verité
     K'ainc mieudre ne plus bele n'ot mantel afublé;   B. d, C. 3491.

     De son mantel s'est tantost desfublée,
     Par les espaules a sa crine jetée,
     Si se demaine com feme forsenée.   Loh. Q. 144a,37.

     Ele fait duel ja si grant ne verrés;
     Et chil li ont .1. bon ermin donné
     Et par deseure .1. mantel bien ouvré.   H. d. B. 6864.

118) Ens en la chambre monterent por vestir.
     Vestent bliaus et pelissons hermins
     Et afublerent les mantiaus sebelins.   Gar. l. L. II, 67,14.

119) Graisle fu et plaisans et molt bien acesmée
     Bien li sist li mantiax dont ele ert afublée.   Gar. d. M. 28b,19.

120) Et Mirabiaus se couche desous l'arbre foillié.
     Aiols fu preus et sages et molt bien ensengniés:
     Un mantelet hermine li ploia sos son cief;   A. 6630.

121) Et Faussete s'en voit sous son orel gabant
     Et dit à Folsiprent: — »Cosine, à vos me vent.   F. d. C. 78,18.

122) Ele ot le jor un mantel afublé:
     Un poi fut cors, se li avint asseiz.   G. d. V. 635.

diapre[84/123], *bliaut*[124], *porpre*[125] und *singlatum*[126]; einmal wird der Stoff als Tuch von Lutise[127] bezeichnet. Der Mantel war stets gefüttert, bisweilen mit *syglaton*[89] oder *osterin*[128/129]. In der Regel gehörte aber zu jedem Mantel ein Pelzfutter oder besser Pelzbesatz [*penne*[129]]. Im Anseïs de Mes wird an einer Stelle die *penne* ohne den Mantel genannt; dieser Umstand scheint mir darauf hinzudeuten, dass der Pelzbesatz nicht immer fest mit dem Mantel verbunden war, sondern dass er vielleicht hie und da erforderlichen Falls erst an denselben angeheftet wurde[130].

123) Li rois commande sa fille a asemer,
Et la roine ne se volt arrester,
D'un chier diapre arrabi aouvré
Un chier mantel d'osterine fouré
Ont afublé Beatrix a vis cler.   H. d. M. 66,3,24.

Et puis li ont .i. mantel aflubé
D'un chier diapre. molt par fut bien foré,
A bandes d'or estoit molt bien ovré.   H. d. M. 8,2,7.

124) J. mantel ot as espaules jetet
En .i. bliaut de Sarmadan ovret.   Loh. Q. 181c,10.

125) Jamais aillors n'aroit son cuer ne sa pensée
D'une porpre de soie par lius bien bordée
Ot cote et mantel molt fu bien atornée.   Gar. d. M. 8c,29.

Et Guibors ouevre son mantel de porprine
Se l'afubla, car ses cuers li destine,
   Car chou estoit ses freres.   Alc. 4474.

126) D'un rice singlatum ot mantel affublé;   F. 2029.

127) Afublé un mantel, dont la penne estoit grise
Et li dras en fu fais el regné de Lutise.   B. 802.

128) Adonques font Beatrix amene[r].
D'un chier blial avoit son cors paré
Et d'un mantel d'osterine fouré.   H. d. M. 43,4,10.

129) Quant ele vit le jor, vesti soi et para
La penne fu d'ermine qui maint denier cousta.   Gar. d. M. 28b,8.

130) *Et* a se fille donrés cest osterin
Et ceste penne *qu'on* apiele Delfin
Que j'acatai a Nerbone le cit
Si en dounai de mon or le plus fin
.x. somiers boins *et* .xx. palies ausi.
Ki l'a ou dos bien se puet faire fin
Ne puet douter nes .i. malvais engin
Ne ne puet iestre entoskies de venin
De nes .i. home paien *et* sarrasin
De crestyen ne de Griu ne d'Ermin

Dieser Pelzbesatz war häufig von kostbarem Hermelin[129/131], oder von Zobel [*sable*[132], *sebelin*[51/133/134], *sebeline*[135]]. Von einem solchen Pelzbesatz von Zobel sagt einmal der Dichter, dass derselbe einen so angenehmen Wohlgeruch verbreitete, dass Hyacinthe und Minze im Vergleich zu ihm nicht einmal ein geschältes Ei wert seien[132]. Eine andere *penne*, welche der Dichter des Anseïs de Mes erwähnt, führte den Namen *Delfin*. Derselben wohnte die wunderbare Kraft inne, dass derjenige, welcher sie trug, keinen Hinterhalt zu fürchten brauchte, dass er von keinem Menschen vergiftet werden konnte, sei derselbe Heide oder Sarrazene, Christ oder Grieche oder Armenier, oder ein Geistlicher, der noch so sehr mit List ausgerüstet wäre. Wer sie trug, der konnte im strengsten Winter nicht frieren[130]. Sonst war der Pelzbesatz auch hergestellt aus den Bälgen des grauen Eichhörnchens [*gris*[66/127/136]]; einmal ist die *penne* als

    Ne de nul clerc tant fust de sens garni.
    Ki l'a ou dos bien se puet faire fin
    Ja n'aura froit por grant iuier venir.
    (Ne por grant caure s'en fait plus acierir) *(Diese Zeile fehlt S.)*
    Tant par est bone et tant fait a plaisir.
    Je l'acatai por Gerbert mon mari.
    Je ne cuic mie qu'el monde en i ait .vi.   A. d. M. 55b,5.

131) La dame prennent au chier mantel d'ermine.
    Sus el palais l'anmenerent et guient.   R. d. C. 7248.

    Et voit Mahaut, qui l'aime d'amor fine.
    Il la saisi.par le mantel d'ermine.   A. d. B. 247,23.

    Ains descendi à terre du mulet de Sulie,
    Et lesse aval coler son bon mantel d'ermine.   A. d'A. 914.

132) La pene estoit de sable, qui moult flairoit souef;
    Ne vaut muguès ne mente à li un oef pelé;   F. 2035.

133) A la dame coururent, qui moult ot enduré.
    Tantost l'ont desliée, si li ont afublé
    Un moult riche mantel de sebelin fourré.   D. d. M. 1189.

134) Es Gloriande au gent cors signori,
    Afublé ot un mantel sebelin;   Ch. O. 2054.

135) Et si arés mantel de sebeline,   Alc. 4450.

136) Tant par est belle que n'en sczoy le devis!
    En son dos ot ung bliaut de samis,
    Et à son coul ung mantel de grant pris,
    Moult estoit riche, fourré estoit de gris,   Aq. 312.

dunkelfarbig [*bise*[137]] bezeichnet. Der Pracht dieses Besatzes entsprach die des Mantels selbst. Der Mantel war mit Gold durchwirkt[44/136], mit Goldborte verbrämt[139/123], oder der Saum war ringsum mit einem kostbaren Stoffe *cabetenc* besetzt[140]. Der Kragen [*vousure*] des Mantels wird nur selten genannt. Derselbe war aus rothem *paile* angefertigt, Edelsteine von hohem Werte waren in ihn eingereiht[141].

Anmerkung: P. Paris in Gar. 1. Loh. II. 68 erklärt *vousures* oder *vausieres* als *cercle* oder *tournure*, und führt ebendaselbst an, dass Ducange es als *peau des animaux couverte de poil* deutet. Es lässt aber die Stelle in der Lothringer-Handschrift B 18 f.:

    Et afublerent les mantiaus sebelins
    Sor les vousures avoient mis lor crins
    Duscal palais ne prissent onques fin

verglichen mit 141 keinen Zweifel übrig, dass *vousure* »Kragen« bedeutet. B und C sind die besseren Handschriften, bei A fehlt die Stelle. Die schlechtere Handschrift G hat:

    Sor les vousures d'argent tornent lor crins.

Es mag wohl der spätere Copist dieser Handschrift G das Wort *vousure* nicht mehr verstanden haben, er deutete es als *cercle*, und da lag es nahe, *d'argent* wegen des Sinnes und Versmasses hinzuzufügen. Die Lesart dieser schlechteren Handschrift G hat wahrscheinlich P. Paris auf die Deutung *cercle, tournure* geführt. La Curne de St. Palaye erklärt *vossure* als *voussure*, d. i. nach Sachs »Bogenrundung, Wölbung«, Littré als *courbure et élévation d'une voute*, was dasselbe ist; Diez führt es nicht an.

---

137) »Baillez moi .1. mantel dont la penne soit bise,
  »Pour le chant qu'ai éu sui durement sousprise. G. d. N. 479.

138) Atant es la contesse, s'ot .1. pale vestu;
  Desor ot afublé un mantel qui d'or fu. R. d. M. 134,19.

139) Descendüe est et si home entor soi,
  Assise s'est desor un paile bloi,
  Deffunblé a son mantel à orfroi. G. 8649.

140) Un mantel covoitous ot a son col jeté:
  Un rices amiraus li ot fait presenter,
  .III. ans mist on a faire ains que fust parovrés;
  Et fut d'un cabetenc tout environ ourlés.
  Richement ot la bele son gent cors acesmé. E. d. G. 1697.

141) Aye tint par la main Blancheflor la roïne.
  Elle avoit afublé .1. grant mantel hermine:
  La vousure est d'un paile vermeill d'amoravine;
  Moult valent grant honor les pierres qui i sont mise,
  Au chief de la cortine lez Garnier, l'ont asise; A. d'A. 191.

Der Mantel wurde über die Schultern geworfen[140] und nach Gautier 413 entweder vorn über der Brust, oder auf der rechten Schulter durch eine Schnur zusammengehalten, die an zwei Schliessen [*tassel*[143], *tessuz*[142]] beiderseits befestigt war. Nach Schultz I. 201 reichte er bis auf die Füsse herab und schleppte nach, beim schnellen Gehen wurde er geschürzt[144]. Im Raoul de Cambrai wird noch erzählt, dass eine Dame dem Boten als Belohnung für eine gute Nachricht ihren Mantel gibt[145].

Die Kappe [*chape*[146], *chappe*[147], *cape*[148], *chaipe*[149]] wurde als Reisekleid[160] über den ganzen Anzug angelegt. Sie hatte nach Schultz I. 202 die Form eines weiten Mantels und verhüllte die ganze Gestalt von Kopf bis zu Fuss. Die Stoffe, aus denen die *chape* angefertigt wurde, werden in den chansons de geste als *escarlate*[148] und *pers*[150] bezeichnet. Gefüttert wurde dieselbe mit *cendal*[148] oder mit *vert*[146]. (Über diese Stoffe vgl.

---

142) Et à son coul ung mantel de grant pris,
   Moult estoit riche fouré estoit de gris,
   A or d'Arabe sont les tessuz assis.   Aq. 314.
143) S'ot afublé d'un mantel aginois,
   Li tassel furent à fin or saracinois.   Ch. O. 1025.
144) Quant ot fait sa proière, son mantel escourça,
   A Dieu s'est conmandée, aval le bois s'en va.   B. 720.
145) La dame l'oit, molt en fu esjoïe.
   Elle desfuble son mantel d'Aumarie,
   Au messaigier le done en baillie.   R. d. C. 8181.
146) En la chambre entre, ne fu guaires iré[e],
   D'un grant escrin a une robe osté[e]
   Et une chape qui de vert ert fourrée,   A. d. B. 71,18.
147) Ganite en a Ayglentine apelée:
   — »Vestez la chappe, que vous ai commandée«: F. d. C. 126,28.
148) Lors s'est cele tantost et vestüe et parée
   De robe qui d'or fin fu partraite et ovrée,
   Une cape afubla qu'ert de cendal forrée.   Gar. d. M. 103c,21.
   La bele qui ert sus fu molt ben atornée,
   Longe fu et graillete tenre et acesmée,
   En cape d'escarlate et de cendal forrée.   Gar. d. M. 19d,30.
149) Adonc la fait sor .1. destrier monter
   Une grant chaipe lor ait fait afluber.   H. d. M. 62,2,6.
150) Mab*ilete* au cler vis s'est tantost atornée,
   D'une cape de pers s'est molt ben atornée.
   Et quant montée fu si s'est acheminée.   Gar. d. M. 118a,28.

323 ff.). Im Hervis de Mes wird noch erzählt, dass, als Beatrix von Räubern entführt wurde, man ihr eine grosse Kappe umwarf, jedenfalls um zu verhindern, dass sie erkannt wurde[151].

Der nur einmal[152] erwähnte *caperon* ist nach Schultz I. 227 eine Abart der Kappe. Der Mantel ist hier so verkürzt, dass er nur kragenartig allein den Hals deckt; die Kapuze ist die Hauptsache. In den chansons de geste wird nur erwähnt, dass der *caperon*, um sich unkenntlich zu machen, über das Gesicht herabgezogen wurde[152]. Weinhold II. 292 stellt die Vermutung als wahrscheinlich hin, dass der *caperon* nur von Männern getragen worden sei, und Schultz führt denselben ebenfalls nur bei der Beschreibung der Männerkleider an. Es ist aber durch die unten angeführte Stelle unzweifelhaft gemacht, dass auch die Frauen sich dieses Kleidungsstückes bedienten.

II. Der Anzug.

Nach Schultz I. 201 gingen die Frauen im Hause im einfachen Rocke [*desafublées*] einher.

Anmerkung: P. Paris erklärt *desafublée* einmal (Gar. l. Loh. 1, 297) als *les cheveux dénoués*, das andere Mal (Gar. l. Loh. II, 111) als *la tête découverte*, obgleich in beiden Fällen in der Erzählung ausdrücklich gesagt wird *En son chief ot un chapelet petit* bezüglich *Un chappelet ot sor son chiefassis*. Beide Erklärungen sind demnach nicht zutreffend. Da nach Diez *afubler* ursprünglich bedeutet »den Mantel mit der *fibula* befestigen«, wird *desafublée* einfach als »ohne Mantel« zu deuten sein.

Neben dieser Thatsache[10/153] erfahren wir noch aus den chansons de geste, dass die Frauen über den *pelisson hermin* auch noch den *paile* zum Hausanzug anlegten[154], oder den *paile*

---

151) Et cil la prennent senz point de l'arrester,
Une grant chape li ont tost aflubé
Li uns la met sor son arson doré.   H. d. M. 8,4,5.

152) Lors a son vis a plain du caperon osté
Dont ele avoit son vis norchi et mascuré
»Sire«, dist ele, »esgardés ma beauté.«   Gar. d. M. 20c,26.

153) Et Aelis est forment trespensée;
De la cambre ist toute desafublée.   Alc. 2850.

154) Par un matin se leva la pucele,
Si ot vestüe une pelice vère
Et par desus un paile de Biterne.   Loh. Q. 133a,35.

zu unterst und darüber den *pelisson*[155]. Man trug sogar, wenn auch nur ein Beleg dafür spricht, ein kostbares, mit einer Schleppe versehenes Gewand von *samit*, welches mit wertvollen Edelsteinen geschmückt war, im Hause[156]. Bewegte man sich innerhalb des Schlosses, oder entfernte man sich nicht allzuweit von diesem oder der Wohnung, so bediente man sich zweier Gewänder[157], bisweilen auch nur eines einzigen, so des *bliaut*[158], oder man legte über ein[159] oder mehrere[160] Kleider noch den Mantel an.

---

155) Un matinet se leva la pucele,
Et ot vestut un paille de Biterne
Et par desus une pelice vaire.
. . . .
Si s'apoia a une des fenestres.   Loh. Q. 130a,1.

156) Une puchele vit sus la couche séant,
La plus très bele rien de chest siecle vivant,
Vestūe d'un samin à terre traīnant,
Dont les pierres en valent plus de .c. mars d'argent. D. d. M. 3623.

157) Devant lui vint la fille au roi Karlon.
Bien fu vestūe d'un hermin pelison
Et par desore d'un vermoil syglaton.   A. et A. 624.
Par milieu de la presse s'est aquellīe:
Ele ot vestu un paile des(o)us l'ermine,
Li giron bleu et vert furent et inde,   A. 2005.
La puciele les prent, puis les renvolepa
Trestoute deffublée en cote repaira;
.1. diapre a vestu, ki luist et flamboia;   F. 5266.

158) Une pucelle séoit souz un aubel,
Devant la porte, droit au pié d'un poncel.
Fu la pucelle venūe en un prael,
En .1. bliaut, n'ot cote ne mantel.
Blont sont si crin, d'or avoit .1. cercel;   G. 3922.

159) Rosamonde la bele va veīr son ami;
En son dos a vestu .1. pelichon hermin
E en son puing senestre tenoit .1. esmeril
Ele le vait paissant d'un(e) ele de pertris,
E evre son mantel, si qu'Elies le vīt: E. d. G. 2153.
Rosamonde la bele s'estut a la fenestre,
Vestū(e) ot un bliau d'un paile de Biterne
Afublé un mantel, a mervelles fu bele.
Tous les degrés avale, si est venūe a tere.   E. d. G. 1401.

160) Une chemise blanche *come* flor de pré
Ont lors vestūe Beatri au vis cler.
Puis li vestirent .1. blial d'or ovré,
Et une gipe de gris senz arrester;

Anmerkung: *cote* und *bliaut* sind nur dies einzige Mal [155] zusammen erwähnt, und beide werden ausdrücklich von einander unterschieden. Es kann dieser Umstand nicht gerade die Vermutung unterstützen, welche Schultz I. 193 ausspricht und welche Heidsiek zu bestärken sucht, »dass der *bliaut* im wesentlichen den *cottes* (den Röcken) entsprochen habe, vielleicht, dass er durch einzelne kleine Besonderheiten von diesem unterschieden war.«

Nicht immer bediente man sich auf Reisen der Kappe, sondern bisweilen des Mantels [97/161], häufig aber auch des *bliaut* [94/162], oder des *pelisson* [89], oder eines andern Kleides [163] allein; einmal habe ich die *cote* mit einem Überkleid von *samis* als Reiseanzug angetroffen [164]. Vornehme Damen kleideten sich in kostbare Gewänder zur Reise [165], auch versahen sie sich wohl mit Geld, um die Ausgaben derselben zu bestreiten [166]. Begaben

    Et puis li ont .1. mantel aflubé
    D'un chier diapre. molt par fut ben foré.
    A bandes d'or estoit molt ben ovré,
    De la chambre antrent en ses vergiez ramez.   H. d. M. 8,2,3.

161) Vestu ot un bliaut pardesus sa chemise
     Afublé un mantel, dont la penne estoit grise.   B. 801.

162) Et Aye chevaucha le jor .1. fauve mul:
     La sanbüe est à or tote d'un chier bofu
     Et elle ot .1. bliaut d'orienne vestu;   A. d'A. 55.

     Et Aude sist sor le murl de Surie;
     Vestüe fu d'un bliaut d'Aumarie,   R. d. R. 318,23.

163) Primes descendi Giles, la suer au roi Karlon,
     Et avec lui bele Aude, vestüe un siglaton;
     Il n'ot si bele dame el tref le roi Karlon   G. d. B. 4000.

164) Cou dist Ludie: »Biaus niés et io l'otroie.«
     Ele viesti une cote de soie,
     Et un sami de soie ki verdoie,
     Fourré de flors ù li ors esclarcoie,
     Et sour son cief .1. drap ki reflamboie,
     Par desous pert sa crine ki fu bloie.
     . . . .
     Ou cemin entrent sans ioie et sans delit.   A. d M. 98c,18.

165) Ce fu par un lundi, au chief de la semaine
     Que Blancheflour la bele (cui Diex doinst bonne estraine)
     S'en aloit vers Paris qui siet pardesus Saine;
     Riches dras ot vestus, qui erent taint en graine.   B. 1774.

     Li emperere n'i fait arrestement;
     Sa fille fait atorner richement.
     Et ensement le suen petit enfant.   M. 2232.

166) Et dist li rois: Alés vos conréer,
     En vostre chambre et vestir et chaucer,
     Et de l'avoir prendés por despenser.   M. 696.

sich die Damen in den Rittersaal, so kleideten sie sich besonders
dazu an[167]. Sie warfen den Mantel um[168], doch zeigten sie sich
auch im blossen Überkleid[169], ja sogar im blossen *pelisson* den
Rittern[170].

Galt es, den König[171] oder fremde Ritter[172] zu begrüssen,
so kleidete man sich in die besten Gewänder, die man hatte;

---

167) Belement s'en entra en la chambre pavée;
Si a une autre robe vestüe et endossée.
. . . .
Flordespine la bele sus u palès monta.   Gfr. 7192.
»Fille«, dist Machabré, »trop povés atargier ;
Delés moi vous siés, que trop vous par ai chier.«
— »Sire«, dist Flordespine, »trop vous povez coitier,
Ains iroi en ma chambre autre robe cangier.«   Gfr. 1692.

168)Ançois qu'ele vausist de la canbre torner
S'est faite la puchele gentement atorner:
En son dos a vestu un hermin engoulé,
Un mantel covoitous ot a son col jeté
. . . .
Signor, quant la pucele en entra en la sale,   E. d. G. 1692.
Atant es la contesse, s'ot .1. pale vestu ;
Desor ot afublé un mantel qui d'or fu.
. . . .
Puis montent el palais, n'i ont plus atendu.   R. d. M. 134,19.

169) Ayglentine se lieve, plus fu blanche que nois;
En son dos ot vestu .1. bliaut à orfrois,
. . . .
Et si homme l'ont prise et u palès menée.   G. d. N. 751.
Nule tant bele ne puet estre trovée.
Vestüe estoit d'une porpre roée;
. . . .
Grant noise oï en la sale pavée;   Alc. 2856.

170) Andui monterent el grant palais anti.
. . . .
Dame A[a]lais o le simple viaire
Avoit vestu une pelice vaire.   R. d. C. 1017.

171) Et la pucelle en une cambre vint
Et vest un drap, nuns si riche ne vit.
Fors de la chambre contre le roi issit: Gar. l. L. II, 3,10.
Adonc se vait la roïne atorner
A miex que pot en estrange regnier.
. . . .
Qant l'a véu léans la dame entrer,   M. 1500.

172) Vint ens as chambres et as pucelles dit:
»Mes belles filles, pensez de vous garnir
Des plus biaus dras que vous pourrez choisir;
Venez, ça fors, deus chevaliers veïr.«   Gar. l. L. II, 66,21.

man bediente sich des Mantels[173], aber auch im blossen *bliaut*, wenn derselbe auch kostbar ausgestattet war, trat man wohl vor den König[174]. Ebenso legten die Damen reiche Kleider an, wenn sie ihren Gemahl[175] oder nahestehende Freunde[176] nach langer Trennung wiedersahen. Mit den kostbarsten und prächtigsten Kleidern aber schmückten sich namentlich die vornehmen Frauen, wenn sie einem Feste, sei es nun einem Turnier[177], oder einer Krönung beiwohnten[178]. Die Kleider

---

173) Quant celles oient ce qui lor abelit,
Ens en la chambre monterent por vestir.
Vestent bliaus et pelissons hermins
Et afublerent les mantiaus sebelins.   Gar. l. L. II, 67, 13.

Li rois commande sa fille a asemer.
Et la roïne ne se volt arrester.
D'un chier diapre arrabi aouvré
Un chier mantel d'osterine fouré
Ont afublé Beatrix a vis cler.
De la chambre ist ou palais principal.   H. d. M. 66, 3,24.

174) La dame osta ses dras, s'a plus riche endossez,
.I. bliaut d'Abilant à oysiaus colorez;
De pierres precieuses fut tot entor orlés.
. . . .
Sire, ce dit dame Aye, bien soiez vous trouvez.   A. d'A. 3701.

175) La dame entra en sa chambre votïe:
Molt richement c'est vestüe et garnïe,
. . . .
Sa feme acole, si l'a .m. fois baissïe,
Et elle lui, car molt fu esjoïe.   B. d. C. 8188.

176) Li rois vos peres vos mande qu'erramment
A lui veigniés si accesméement
Que n'ait de vos nul blasme de noient,
Qu'aiés éu nesun encombrement.
Véoir vos vuelent de la françoise gent
Ogiers et Naimes, qui sont vostre sergent.
La dame l'ot, à Dieu mercis en rent.
Grant joie en ot, si se vest richement,
Ad un fil d'or sa crigne vait nouant.   M. 3294.

177) Mainte bele pucele i ara à cler vis,
Richement acesmée de dras d'or, de samis,
De saphirs, d'esmeraudes, d'agathes, de rubis;
L'estour vorrons véoir de Frans et d'Arrabis;   B. d. C. 2283.

178) Li rois i doit Blanceflor corouner
. . . .
Et hautes dames vestües de bofus,
De dras de soie, de paile à or batus.   Alc. 2574.

legten sie wohl dann zum ersten Male an[179]. Dieselben waren mit ausserordentlicher Pracht ausgestattet[180], von *samis*[177], Seide[181], golddurchwirkt[181/182], von *cendal*[183] und bisweilen mit den kostbarsten Edelsteinen, Saphiren, Smaragden, Rubinen und Agathen besetzt[177,181]. Doch wird an einer Stelle auch berichtet, dass die Damen im einfachen *pelisson* dem Turniere zusahen[87]. Die Braut trug an ihrem Hochzeitstage ebenfalls reiche Kleidung[184], und zwar teils den Mantel über dem *bliaut*[185] oder über dem *pelisson*[186], oder über der *cote*[187], teils,

179) Gentes puceles demourant el chastel;
De dras de soie vestües de novel,
Blanches et grailes, estroites à noel,
Tumbent, et balent, et moinent lor merel.   F. d. C. 65,29.

180) Gloriande ist de la sale pavée,
A grant merveille parfu bien atornée,   Ch. O. 2510.
Mainte pucele i ve(n)ras coulorée
Et mainte dame par noblece acesmée.   Alc. 1974.

181) Lés les dames s'assiéent as gens cors afnitiés,
Sor dras d'or et de soie qui n'estoient pas viés;
Bien erent acesmées, vraiement le sachiés:
De saphirs, d'esmeraudes et de rubis prisiés
Orent tant entour eles sor cors, sor bras, sor chiés,
Que de la grant richece vous esmerveillissiés.   B. d. C. 3663.

182) Soixante furent vestües de bon fus [*l.* bofus];
Tos lor adous furent à or batus.   Ch. O. II, 13003.

183) Richement sont vestües de cendaus tains en graine
Et de très nobles dras fais de delle laine;
Mainte en i ot plus bele c'onques ne fu Elaine.   B. d. C. 137.

184) Li rois li donne, puis li a commandé
Que le matin ait son cors conraé,
De riches dras vestu et atorné;
Et Guis aura son afaire apresté,
Si la penra, ja n'en iert trestourné
Le matinnet car trop ont demoré.   G. 8626.

185) Adonques font Beatrix amene[r]
D'un chier blial avoit son cors paré
Et d'un mantel d'osterine fouré
. . . .
A la grant glice ont la dame mené.   H. d. M. 43,4,10.

186) Au matin font la pucele amene[r]
A grant merveille l'ont faite conréer:
.I. peliçon fres hermin engoulé
.I. mantel ot as espaules jetet
En .I. bliaut de Sarmadan ovret.   Loh. Q. 181c,7.

187) D'un diapre à fin or fu vestüe et parée,
Cote en ot et mantel; moult fu bel atornée.
. . . .
Quant les ot espousés, la messe leur canta.   D. d. M. 7906.

und dies häufiger, gingen sie im blossen Überkleide als *paile*[188], *robe*[189], *siglaton*[190], *bliaut*[191] zum Altar. Auch sonst wohl begaben sich die Frauen ohne Mantel im blossen *pelisson*[192] oder *paile*[193] zur Kirche, und an einer andern Stelle wird erzählt, dass sogar die junge Königin bei ihrem Einzuge in die Hauptstadt des Landes mit dem blossen Überkleide angethan war[194].

Nach Schultz I. 201 war es für die Frauen unerlässlich, den Mantel umzunehmen, sobald sie repräsentieren mussten. Aus dem vorher Gesagten geht aber deutlich genug hervor,

---

188) Cist mariaiges ne puet demorer mïe.
Lors l'a Guibors moult richement vestïe:
Elle ot chemise de soie d'Aumarïe,
Et par desuz un paile de Pavïe.   R. d. R. 317,1.
Vestüe fu d'un paile d'Aumarïe,
Moult par estoit bien fai(n)te et bien taillïe;
Il n'ot si bele jusqu'as pors de Roussïe.
. . . .
Au monstier vont o bele compaingnïe;
On les espouse el nom sainte Marïe.   G. 10844.

189) Quant elle entent qu'el sera mariée,
De Gascelin et prise et espousée . . .
En une chambre est Sonneheut entrée;
Richement s'est vestüe et atornée
Et a la robe molt ricement parée,   A. l. B. 87,3.

190) Machabré l'a seisi au pant du siglaton.
Gente fu la puchele, si ot bele fachon;
. . . .
La espousa la bele devant l'autel Mahon.   Gfr. 8537.

191) Et la fille au roi Hugue fu illuec amenée;
De moult riche bliaut fu la dame parée,
. . . .
Et fut en la chapelle de aut home portez.   P. l. D. 3076.

192) Le jor, fu feste d'un cors saint bénéi.
Del mostier ist li Lohérains Garins
Avoc sa feme la cortoise Aélis;
Quatrevins dames i ot de moult grant pris,
Toutes vestües et de vair et de gris.   Gar. l. L. II, 260,8.

193) Cele pucele fu richement vestïe
Et afublée d'un paile de Pavïe:
. . . .
El mostier entre comme feme esmarïe;   R. d. C. 3659.

194) Et la pucelle est entrée en Paris
Moult richement o li dux Auberi.
Desafublée en fut en un samis;   Gar. l. L. I, 4943.

dass derselbe bei der Repräsentation sehr wohl entbehrlich war.

War man erhitzt, so hüllte man sich in einen Mantel, um sich nicht zu erkälten [137].

Sollte eine Frau auf dem Scheiterhaufen verbrannt werden, so zog man ihr schwarze Kleider an [195].

Wenn in Fällen der Not die Frauen gezwungen waren, die Burg oder die Stadt gegen den Feind zu verteidigen, so legten sie die vollständige Ritterrüstung an [196]. Im Anseïs de Mes tritt sogar ein 3000 Köpfe starkes Amazonenheer auf, welches durch rechtzeitiges Eingreifen in die Schlacht dieselbe zu Ungunsten des Königs entscheidet.

Ausdrücke für Kleid, Kleidung im Allgemeinen sind: *robe*[197],

---

195) Menée soit la dame tot avant,
De noir vestue et bendée ensement,
Si come feme que l'en mene à torment.
Desor la place del palais là devant
Aportent bois et espine pongnant
Si font esprendre un moult grant feu ardent.   M. 525.

196) Les pucieles ne furent ilueques pas garchon;
Cascune avoit vestu .1. haubert fremillon,
Et lacié en son cief .1. vert helme réom.   F. 3743.

Cascune aura le hauberc jaserant
Et en son cief le vert elme luisant,
Et à sa coste aura chaint le bon branc,
Au col l'escu, el poing l'espié trenchant.   Alc. 1950.

Mes n'i a clerc ne prestre ne dame segnorïe
Dont chascune n'éust la grant broigne vestïe,
Sus le chief le bachin, caint l'espée fourbïe,
A deffendre les murs de la chité antïe.   Gfr. 782.

Cascune dume a le hauberc vestu,
L'espée chainte, el cief l'elme agu,
La lance ou poing et à son col l'escu.   Alc 2238.

197) Au plus tost qu'ele pot se leva en estant
Et quant vestüe fu d'une robe avenant,   Gar. d. M. 109c,25.

Robes et dras de moult divers semblant
Li fist il faire come à roïne apent.   M. 1578.

En la chambre entre, ne fu guaires iré[e],
D'un grant escrin a une robe osté[e]   A. d. B. 71,18.

La vielle leur fait prendre, chascuns la main i mist,
Ou par bras ou par robe chascuns d'aus la saisist;   B. 2196.

dras[198], *garnemans*[199], *vestement*[200], *acesmement*[201], *estofe*[202], *adous*[182], solche für Pelzwerk im Allgemeinen *vair et gris*[203].

III. Das Anziehen.

Hinsichtlich des Anziehens erfahren wir aus den chansons de geste, dass die Frauen sich in ihren Zimmern[167] selbst ankleideten[204]. Vornehme Damen aber liessen sich die Kleider von Dienerinnen anlegen[160/168/205], ja es wird jogar erwähnt, dass die Königin ihrer Tochter[173] und Guibors der Aude[186], wenn auch bei besonderen Gelegenheiten, diese Dienste leisteten. Ähnliches berichtet Zeller (44), doch führt er den letzten Punkt nicht an.

---

198) Qui li veïst ses draps desrompre et desmaller,
  Et par panz et par peces au[s] pores ganz donner. P. l. D. 644.
  Puis a vestu les dras qui li sont a mesure. Fl. 1777.
  Orable firent de ses dras desmuer,
  Il la baptisent en l'enor Damedé: P. d'O. 1867.
199) Oevre l'escring, si resgarda dedans
  Et trueve lors les riches garnemans
  Et de la damme le cors et le samblant. J. d. B. 2278.
200) A lor moilliers donoit le vestement. M. 379.
201) C'est Gloriande k'ert de joene jouvent;
  Toute la place de sa biauté resplent,
  Moult par estoient chier si acesmement. E. O. 2621.
202) Ne vous aroie à pièce devisée
  La riche estofe dont ele ert acesmée. E. O. 8151.
203) Onques plus gente dame ne vesti vair ne gris. F. d. C. 79,28.
  Et la norrice qi molt ot cler le vis
  Fu revestüe et de vair et de gris. R. d. C. 86.
204) De Lubias dironz d'or en avant
  Qui se vestit et se para moult jant.
  Quant fu vestüe, de son palais descent. A. et A. 3423.
  Biaus est li temps flori et l'erbe reverdïe;
  Bele dame s'acesme et vest et chauce et lïe; A. d'A. 184.
  Lors s'atourne moult bel et vesti et caucha. D. d. M. 3854.
  La pucele a son cors vestu et acesmé,
  Son palefroi li a li vallez amené. Gar. d. M. 22d,23.
205) Tost et apertement se prist à descouchier
  Moult gentement se fist et vestir et chaucier; B. d. C. 2362.
  Don la fist il mener à son ostel
  Et richement et vestir et chaucier. M. 1639.

Für das Anziehen gebrauchen die Dichter folgende Ausdrücke: anziehen: *vestir*[173], *endosser une robe*[167/174], *afubler*, gewöhnlich vom Mantel[160], doch auch einmal von der *paile*[193], *jeter a son col* nur vom Mantel[168], *se garnir de dras*[173], lier: schnüren[204], *chaucier(chaucer)*[204/205] von Schuhen und Strümpfen; für ausziehen: *oster*[174], *se desmuer de ses dras*[198]; für die Kleidung zerreissen: *desrompre et desmaller ses draps*[198]; für umkleiden: *autre robe cangier*[167], *autre robe vestir et endosser*[167]; für wiederanziehen: *revestir*[208]. Für anziehen im Allgemeinen wenden sie an: *vestir*[188], *acesmer*[173], *parer*[187/204], *atorner*[184/189] schmücken, *garnir*[175], *conréer*[184/186] schmücken, ausstatten. Diese Ausdrücke finden sich auf verschiedene Weise mit einander verbunden, so: *vestir et garnir*[175], *vestir et atorner*[184], *vestir et parer*[187], *vestir et acesmer*[204]. Ausserdem habe ich noch angetroffen: *parer son corps*[185] und *parer la robe*[189].

IV. Haartracht und Kopfputz.

Die Dichter sprechen nur von blondem[206], gelbem[207] oder goldblondem[208] Haar; zweimal erwähnen sie dasselbe als leicht gekräuselt oder gelockt[206/207]. Den Glanz desselben stellen sie höher als den des ächten Goldes[209], oder des ächtesten von

---

206) Li cauel sont si blont que el cief li esta,
 Si oler et si luisant qui verté en dira,
 Que fin or esmeré si grande beauté a.   Gar. d. M. 24b,27.
 C'est la plus belle qui onques mais naquit.
 Sor ses espaules li gisent si blon crin: Gar. l. L. I, 4955.
 Blonc ait le poil menu recerselé.   G. d. V. 640.
207) Si bel chevel luisant li sunt tuit deschiré,
 Qui plus estoient gaune de fin or esmeré.   D. d. M. 740.
 Si ceveil erent sor, menu recercelé,
 A .i. filet d'or fin gentement galoné.   F. 2040.
208) Et fut blanche et vermeille à point encolorée,
 D'iex vairs, gais et rians fu très bien acesmée,
 Le chief avoit si blont de blondeur esmerée
 Que ce sambloit fins ors quant ert desgallonnée;   B. d. C. 2098.
209) Longue fut et greslaite et de bel estement.
 Par ses espaules sunt ses biaus cheveus gesant,
 Qui plus sunt esmeré que fin or qui resplent;   D. d. M. 3631.

Arragonien[210], oder des goldenen Bechers[211]. Die Farbe des Haares vergleichen sie mit der eines goldenen Bechers[212] oder mit der des ächten Goldes oder des Messings[213].

Die Frauen trugen das Haar zum Teil aufgelöst [*eschavolée*[214], *escevelée*[215], *esquevelée*[216], *eschevelée*[217], *les crins deliez*[218]]; es wallte dann über die Schultern herab und bedeckte fast den ganzen Rücken[215]. Zum Teil trugen sie es, und zwar Frauen[219] wie Jungfrauen[220], in Zöpfen [*tresces*], in

---

Sor ses espaules sont se bel cavel luisant,
Qui sont plus esmeré de fin or reluisant.   Gar. d. M. 36b,2.
Ses crins sur ces espaules plus lusoient d'or mier. D. d. R. 12,252.
Desor s'espaule sont si biau chevol gisant
Qui sunt plus esmeré que fins or reluisant. Gar. d. M. St. 407,84.

210) Si cheveil samblent d'or dou plus fin d'Aragon. B. d. C. 3339.
211) Et le glout maintenant l'a as cheveus combrée,
Qui plus furent luisans d'une coupe dorée.   D. d. M. 679.
212) Si cheveul furent cler comme coupe dorée,
Le vis blanc et treitis, la fache coulorée,   D. d. M. 7908.
213) Gente fu la puchele, si ot bele fachon;
Si cheveul resembloient d'or fin ou de laton. Gfr. 8537.
214) La pucelle desvaule, contreval le plainchié,
Nu piez, eschavolée, portoit .1. espervier. Fl. 501.
215) Dont l'a li rois saisie et par la main cobrée;
El palais l'enmena trestote escevelée;   R. d. M. 114,4.
Les pucieles akeurent toutes escevelées;   F. 3084.
Quant Amiote l'ot, si est d'ire embrasée;
Ele saut de son lit trestoute escevelée;
Sa crigne li couvroit trestoute l'esquinée. F. 5049.
216) Lors i queurt Herchembaut, la chambre a deffermée.
Laiens trouva la dame trestoute esquevelée, D. d. M. 671.
217) Cercle ot d'or en son chief; si fu eschevelée:
A li ne s'appareille nule biauté de fée. F. d. C. 147,22.
218) A fenestrez de marbre là estoit apoiiez
Ly cors de Blancheflour qui tant est afaitiez,
Et se fille lez lui, qui lez crins ot deliez, H. C. 4020.
219) La serve prent un drap, jus dou lit se sailli;
Blancheflour par les treces à terre l'abati
Qui estoient moult blondes, par verté le vous di. B. 2150.
Isnelement mist sa main à l'espée,
Parmi les treces l'a li marchis cobrée;
Ja li éust la teste tost coupée,   Alc. 2801.
220) La fille Berenger, les cuvert desfaé
Tot aprés la ceinture li ont les dras copez,
Les tresces par desore li ont vilment oté, P. l. D. 2074.

welche bisweilen ein[221] oder mehrere[222] golddurchwirkte Bänder [*bendes*] geflochten wurden. Auch wenn das Haar nicht geflochten war, schmückte man es mit einem[223/94] oder zwei[224] goldenen Bändern oder Streifen [*fil*], oder man knüpfte es mit einem solchen zusammen[225], oder es wurde in einem goldenen Haarnetz [*filet*] getragen[207]. Diese beiden letzten Punkte kann ich jedoch nur je einmal belegen.

Das Schapel [*chapel*[226], *capel*[227], *capele*[228], *chapele*[229], *chapelet*[230], *chappelet*[231]] war nach Weinhold II. 316 ein Stirnreifen, welcher die Scheitelung der Haare festhalten sollte. Im Sommer flochten sich junge Mädchen selbst *chapels* aus Blumen[226/229]. Neben diesen gab es auch noch künstliche *chapels* aus echtem Golde

---

      Par ces espaules ot jetée sa crine
      Qe ele avoit bele et blonde et trecīe.   R. d. C. 5569.

221) E vos Audain la bele l'eschevīe
     vestūe fuit d'un paile d'Amarīe
     à un fil d'or tressīe par maistrīe   G. d. V. 1771.

222) Sor ces espaules li gisent si bel crin,
     Tresciés a bendes, si com moi est auis,   G. d. M. 497,18.

223) Par s[es] espaules ot sa cringne jetée
     A .ı. fil d'or récement galonnée . . .   A. l. B. 87,15.
     Ses crins ot galonés à .ı. fil d'or batu.
     Et vait baisier Renaut, son ami et son dru;   R. d. M. 134,21.

224) A. .ıı. filz d'or sont galonez sui crins.   H. d. M. 11,2,13.
     A. .ıı. filz d'or ont ces crins galonez,
     Que plus resplandent que orfrois amerez.   H. d. M. 8,2,10.

225) Ad un fil d'or sa crigne vait nouant.   M. 3302.

226) Par très grant amisté va l'uns l'autre araisnant,
     Un chapel de floretes vont entre aus deus faisant.   B. d. C. 2426.

227) J. capel ot u chief à pierre d'orīent,
     Qui tout fu de fin or ouvré menūement.   D. d. M. 3634.

228) Deseur leur ciés ont deus capelès mis
     D'or et de pierres, avenament lor sist;   Gar. l. L. II, 68, variantes.

229) Assez i ait de floretes d'esté
     Chapelès faire irons se vos volez,
     Un a vostre oez par grant ioliété.   H. d. M. 8,2,29.

230) Des .ııı. puceles vos uorromes conter.
     A Biatrix cuiderent retorner,
     Par grant amor .ı. chapelet doner.   H. d. M. 8,4,15.

231) Par ses espaules li raioient si crin,
     Un chappelet ot sor son chief assis;   Gar. l. L. II,112,2.

und hellstrahlenden[232] Edelsteinen gefertigt[228/233]. Ein solches *chapel* war mit Rubinen[234], ein anderes mit Steinen aus dem Orient[227] verziert. Das Schapel stand den Frauen sehr gut an[228/233].

Statt des Schapels schmückten sich vorzugsweise fürstliche Damen mit Kronreifen [*cercle*[235], *cercel*[236], *cercles*[237], *chiercle*[238], *cecle*[239], *secle*[240], *clecle*[59]]. Dieselben haben sich nach Schultz I. 185 aus den Goldreifen — *chapels* — entwickelt und hatten wie jene die Bestimmung, das Haar festzuhalten und zu verhindern, dass es in die Stirn herabfalle. Aus den chansons de geste erfahren wir, dass der Kronreifen ebenfalls auf dem aufgelösten Haar getragen[217] und dass die Haarflechte auf denselben gelegt wurde[241], dass er ferner von Gold angefertigt[242], kostbar ausgestattet[243] und bisweilen ringsum mit wertvollen

232) un chapelet ot en son cief posé
a riches pieres ke getent grant clarté.   G. d. V. 638.

233) En son chief ot un chapelet petit
D'or et de pieres qui mout bien li avint.   Gar. l. L. I, 4957.

234) Et Gloriande ce laissast à envis;
En son chief ot .1. chapel à rubis,
De sa biauté fu li lieus esclarcis;   E. O. 3793.

235) . . lues ont Brunehaut uisée,
Qui se séoit a une cheminée,
D'un cercle d'or ricement couronnée.   Aub. 913.

236) Blont sont si crin, d'or avoit .1. cercel.   G. 3926.

237) Desur le chief Brunehaut ert posés
.I. cercles d'or de moult ricement ouurés.   Aub. 584.

238) D'un chiercle d'or ert couronnés ses chiés,
Qu[e] ains n'en fu nus plus rices forgiés;   Aub. 663.

239) A doz filz d'or ont ces crins galonez
Un cecle d'or ot sor son chief ouré.   H. d. M. 66, 3, 29.

240) Et mon mantel et mon secle d'or cler.   H. d. M. 17, 1, 28.

241) .I. cercle ot an son chié d'une ovre trégitée,
Et fut de riches pierres tot anviron orlée,
Et desor fu la tresce qui sembloit sororée.   P. l. D. 3078.

242) Un cercle d'or ot sor son chief assiz.   H. d. M. 11, 2, 14.
Li cercles d'or ou chief li reflambie.   A. d. M. 54b, 4.

243) A dous fiz d'or ot ces fiz (*l.* crins) galoné,
Une secle d'or ot sor son chief posé
Fait a miraicles molt richement ourez.   H. d. M. 43, 4, 13.

Edelsteinen [241/244], so hellstrahlenden Smaragden [245], besetzt war.
Im Anseïs de Mes schildert der Dichter einen Kronreifen,
welcher mit kostbaren Steinen verziert ist, von denen der eine
mit wunderwirkenden, geheimnisvollen Kräften ausgestattet ist
und seine eigene Geschichte hat. In dieselbe wird eine neue,
bisher unbekannte Version der Kreuzlegende eingeflochten,
welche zu der Klasse von Legenden gehört, in denen sich das
Kreuzholz aus einem Zweige vom Baume der Erkenntnis entwickelt. Hinsichtlich jenes Steines steht diese Version wohl
isoliert da, wenigstens habe ich weder bei Mussafia: »Sulla
leggenda del legno della croce«, Wien 1870, noch bei W. Meyer:
»Die Geschichte des Kreuzholzes vor Christus«, Abh. der Bair.
Ak. 1881, ein Analogon dazu finden können, doch zeigt
dieselbe sonst mit einer andern in der genannten Arbeit von
Meyer S. 108 enthaltenen Version in manchen Punkten eine
merkwürdige Übereinstimmung, welche sich sogar in einzelnen
Fällen bis auf deu Ausdruck erstreckt. Ich teile daher die
ganze Stelle aus dem Anseïs de Mes nach der mir von Herrn
Prof. Stengel bereitwilligst zur Verfügung gestellten, mit S
collationierten Copie der Handschrift L mit. Der Text der
römischen Handschrift U stand mir nicht zu Gebote und derjenige der Handschrift N weicht vollständig ab. — Telamin, der
Bote des Anseïs, übergibt in Arle die Geschenke Clarissens der
Frau und Tochter Tulle's. Er lässt durch seine Diener einen
Schrein herbeibringen, in welchem dieselben enthalten sind:

---

244) Cercle d'or out ou chief, qi porte grant mecine,
Que les pierres valent d'argent plus d'une mine: S. I, 115, 10.

Dont a li biele .I. escrin desfreiné,
Le cercle entraist ki done grant clarté,
De boines pieres i ot a grant plenté, A. d. M. 59a, 31.

Un cercle d'or me donrés a Judis,
De bones pieres i a plus de .II. m.
Dont li meaudres vaut .xv. mars d'or fin. A. d. M. 55b, 2.

245) Et fu d'un cercle d'or son chief avironnez
A riches esmeraudes qui getent grant clartez.
Quant la dame ot son corps bel et bien acesmez,
Il n'ot si bele dame en .xv. roiautez. A. d'A. 3704.

A. d. M. 56d »..................
33 Aportés moi çu amont mes escrins;
Et cil si font si l'ont devant lui mis.
Le ciercle en traist as presïous safirs,
36 As rices pieres d'Oriant le païs,
57a Doune a la dame ki si a cler le vis
C'onques dieuesse dont on parloit indis
3 Ne Menelaus dont fu grans li estris,
Ki por Elaine endura tant d'estris,
— Troie en fu toute arse et li païs —
6 N'ot de biauté le moitiét de cesti
»Tenés madame cest capelèt d'or fin
[Femme ki l'ait mar doutera venin
Ne mauvais vent n'encombrer d'anemi
Ne de mul faire n'ara pooir sur li. S 203a]
Ce vos envoie Clarisse li gentis,
9 La mioldre dame que onques diex fesist.«
Ce dist Judis: »De deu .v. c. mercis;
Tant voi ou cercle de pieres de safirs
12 Et d'amatistes pour draoncle garir,
C'assés miols valent que trestos cis païs.«
Çou dist li maistres: »Dame par .s. Denis,
15 Cis garnimens li sera bien meris,
S'a Geronvile m'amaine Jesus Cris,
Je lor rendrai trestous lor anemis
18 Ens en lor mains et sains et saus et vis,
Puis si en facent trestout a lor devis.«
Le cercle d'or en ses .ii. mains a pris,
21 Toutes les pieres esgardu par loisir,
Entre les autres une bele en coisi
Ce dist li maistres: »Vees vos or cesti!
24 Ele vaut miols que France ne Berris
Ne Caelons ne trestous Biauvoisis;
Si vos dirai por coi jel prise si.
27 Ki en un fu seroit moult bien espris,
S'euist le piere dont io chi vos devis,
Ja n'en aroit drap desous lui espris;
30 Et s'il estoit en mer ou parfont fil,
N'euist batiel ne calant avoec li,
Ne porroit il afondrer ne perir,
33 Se ses tierminee n'ert venus de morir,
Si com cascuns doit a son tour venir;
Feme qui l'ait ne puet d'enfant morir,
36 Nels li enfes maumetre sans mentir;
57b Et si n'est hom, bien le vos os gehir,
S'il le portoit entre ses anemis,
3 Mais que il fuissent par .iiii. fois .c. m.
A bones armes et a espius forbis,
Mais que il fust tous nus, ie vos pleuis
6 Ne donroit il d'aus tous .i. paresis,
N'encantement ne puet il pas cremir;
Leres nel puet ne embler ne tolir

9 S'ele ert en terre .m. ans et .xv. dis
Ne poroit ele empirier ne pourir;
Ne se li feure ki sunt en cest païs
12 Feroient sus de grans martiaus faitis,
Et si l'euissent et iuré et plevi,
Ne le poroient il mïe en .ii. partir,
15 Mais qu'il ferissent jusc'au ior del iuïs.
Et si n'est nus, que s'il l'auoit sour li,
Ki pour .i. an duist [peuist S] de faim morir.
18 Assés a plus de viertus que ne di,
Tiesmoing la letre et tiesmoing cest escrit.
Or vos dirai dont cele piere vint,
21 Cui ele fu et coment ele est ci:
Jesus le fist en son saint paradis,
Quant nostre peres Adams le pecié fist
24 Et fors tous nus de paradis les mist,
Lui et le feme Evain que tant mesfist;
U nostre sires le pele li tramist
27 Et par son angle a labourer l(e)'[n]prist
Et cele piere li dounn et li dist:
»»Se tu as froit Adam, me[t] le sour ti
30 Et sour ta feme se ele a froit ausi,
Tant que tu puisses de dras estre viestis
Que croisteront par desus tes brebis;
33 Se tu as faim, ses tu que te devis,
Tu ne te feme ia n'en seras desdis,
Met l'en ta bouce, lues seras raemplis.««
36 Icele piere garda tant qu'il vescuï.

57c Encor poroit tos li mons faire ausi,
Tos çaus [Toutchil S] ki croient Jesu de paradis,
3 Mais autre gent nel poroient tenir.
Et quant Adams nos peres dut morir,
De cel mal arbre fist .i. rainsiel venir
6 Dont on li fist le morsiel engloutir;
Au son dou bout icel rainsiel fendi
Et cele piere i muca et quati,
9 Et le rainsiel de ses dens estrainst si,
Qu'on ne le pot oster ains puis ce di.
Adont moru et li arme en parti,
12 A tout le rain fu en tiere enfouïs.
Ne passa mïe apres .v. ans u .vi.,
Que dou rainsiel dont m'oés parler ci
15 Cruit .i. grans arbres ki dura puis ce di
Bien .ii. [M.] ans, voire .iii. ie vos di,
Dusques au tans que li douloues vint
18 Ki tout noia fors Noé et ses fis
Ki esraga cel arbre et si le prist
Et l'enporta ou mont de Sinaï,
21 Et si gut la moult grant tans puis se di,
Tant que li siecles fu puples, ie vos di,
Et que Jesus de sa mere nasqui.
24 A cel tempore, signor, que ie vos di,
Erent enfant ou mont de Sinaï,

Li uns de çaus sor le boise s'asist
27 *Et* vit le piere biele ki dou fust ist,
Ses compagnons, s'il pot, mīe nel dist,
En Bielliant tot errament en vint,
30 Marīe encontre errament se li dist:
»»Tenés Marie ceste pierete chi,
Gardés le bien, car vo*stre* fie*us* le fist.««
33 Marīe l'ot, tot errament le prist,
Bone le vit en sa borse [bouche S] le mist,
De Bielient *par* cele piere issci
36 Malgré les gardes; iel *vos* di *et* plevis,

57d   Qu'il n'orent mīe pooir encontre li.
.xxxii. ans le garda puis sce di,
3 Dusques adont que ses fius mort souffri.
Quant en le crois le penerent Juīf
Sour cele piere [*l*. piece] de bos qu*e* ie vo*s* di
6 Que li doloues mist ou mont Sinaī.
Quant vint a l'eure q*ue* di*eus* la mort soufri,
C'uns cevaliers d'un espiel le feri
9 Ens ou costé que li sans en sali,
Li tieste Adam de cele boise issi,
En une coupe a le sanc recoilli,
12 Nicomedus [-demus S] le coupe li toli.
Quant nostre sire de le crois descendi,
Et a Marīe le tierc iour le rendi
15 *Et* nostre dame le piere metre i fist.
Or ne sai iou *comment* ele vint ci.«

    Königinnen und Fürstinnen trugen bei der Krönung oder sonstigen hohen Festlichkeiten eine grosse[246] goldene[247] Krone *corone*[248], *quorone*[249], *couronne*[250], *coroune*[251], *coronne*[252], *corune*[253]]

---

246) Large couronne portoit desus son vis.   Aq. 319.
247) Quant seroi revenu, Maprin t'espousera,
Riche couronne d'or u chief te posera.   Gfr. 6086.
Vous me feriés couronne d'or porter   H. d. B. 9283.
248) Hugues prist la pucele qui tant ot de biauté,
De la corone d'or fu moult bien coronez,   P. l. D. 3087.
Molt oi grant joie quant je deving roīne,
Corone d'or me fu el cief asise.   Loh. Q. 171b,7.
Nen fu mais dame qui corone ait el chief
A cui nus ber tant honor ait porté   M. 1773.
Li rois Jeha*ns* vait Fouqu*er* coroner
Lui *et* Clarisse fait corone porter.   A. d. M. 173c,22.
249) Huguez fu, icel jor, richement conréez,
Et Sorplante ot quorone de fin or esmeré.   P. l. D. 3093.
250) La couronne [Balant a Charles] demandé,
Floripas en couronne et Guion le sené;   F. 6017.

auf dem Haupte[254]. Dieselbe war reich verziert und bisweilen mit Edelsteinen besetzt[251]; der Wert einer solchen Krone wird von den Dichtern auf 100000 Mark und mehr angegeben[252].

V. Kopfbedeckungen.

Als Kopfbedeckung bedienten sich die Frauen der *guimple*[255] [*guinple*[256]], welche nach Schultz I, 182 dem deutschen »Gebende« entsprach. Nach Weiss II, 368 bildete dieselbe, abgesehen eben von mehr willkürlichen oft reicheren Nebenformen, teils nur ein einfaches Band um Kinn und Wangen gebunden, teils, am gewöhnlichsten, ein ebenso gefestigtes Band in Verbindung mit einer flachen, gesteift umrandeten Mütze. Aus den chansons de geste erfahren wir nur, dass die *guimple* von Seide gefertigt wurde[257] und dass sie den Kopf sehr warm hielt[256/258].

---

251) Au moustier fu guiée
Pour espouser, quant ele fu parée.
Blont ot le chief, à point fu galounée;
Une coroune très richement ouvrée,
Qui de rubis estoit avironnée.
Ot la pucele deseur son chief posée.   E. O. 8160.

252) Tel coronne ot el chief qui moult li atalente,
Cent mile mars valoit et plus, à droite vente.   B. 274.

253) Si porterum ensemble les corunes as chiés.   Ks. R. 20.

254) Sa sereur a fierement regardée,
Kl d'or estoit la teste coronnée;
Lés le roi sist ki l'avoit esposée.   Alc. 2748.

255) Dist la contesse »or tost sans demourée.
Vestés ma robe, qui tot' est d'or listée
En vostre chief soit ma gui[m]ple posée;   A. d. B. 71,3.

256) Oste sa guinple por le caut qu'ele avoit,
En son cief mist un capelet estroit;   Ch. O. 1029.

Et Garselins se vest sans demourée;
Et la contesse a sa guinple acesmée,   A. d. B. 50,1.

257) Robe de femme me prené[s] traïnant,
Gui[m]ple de soie et mantel auenant,
Si le me faites acesmer tout errant.   A. d. B. 47,33.

258) Pour le chaut qu'ot éu s'estoit desafublée;
Jehenneite et Martine li ont sa guimple ostée.
Moult par ot blont le chief quant fu desvolepée.   G. d. N. 437.

Eine Kopfbedeckung scheint auch der nur einmal erwähnte *trecheoir* gewesen zu sein. Ich finde davon nirgends eine befriedigende Erklärung. Da er von Seide war[259], so kann er nicht, wie Sachs und Littré für nfr. angeben, ein »Flechtstock« bezüglich ein *instrument sur lequel on tresse les cheveux* gewesen sein. La Curne de St. Palaye erklärt ihn als *sorte de peigne* und zugleich als *galon pour orner les cheveux*. Die letztere Deutung dürfte noch am ehesten den Sinn von *trechoir* treffen, möglicherweise wurde er eingeflochten.

Einmal wird ein schimmerndes Tuch als Kopfbedeckung einer auf der Reise befindlichen vornehmen Dame erwähnt[164].

Von Hüten habe ich nur einen aus Pfauenfedern[260], einen anderen aus golden aussehenden Federn[261] und einmal, wo es sich allerdings um eine Verkleidung handelt, einen breiten Strohhut erwähnt gefunden[262].

VI. Die Schmucksachen.

Die Schmucksachen, welche die Frauen anlegten, waren nicht minder prächtig und nicht weniger kostbar ausgestattet als die Kleider.

Der Gürtel, welcher dieselben um die Taille zusammenhielt, erscheint unter verschiedenen Namen: *çainture*[263] (*ceinture*[220], *chainture*[264]), *baudré*[265], *lasnete*[266], *singladoire*[267]. Ob diese

---

259) S'ostesse fu cortoise qui molt bien l'atorna,
D'un trecheoir de soie son chief li galona.   Gar. d. M. 28b,10.

260) Mabire geta sus son capel de paon.   D. d. M. 8071.

261) J. capel fait de pennes sor le cief li posa,
Por ce qu'il fu dor[ez] les caues resambla.
Si que poi le uit on qui bien ne la visa
Tant ot blonde la crine.   Gar. d. M. 28b,12.

262) En guise d'escuier fu ses cors acesmez,
J. capel ot el cief de fuerre qui fu lez.   Gar. d. M. 66d,16.

263) Se Floripas ma fille est la çainture emblée,
Ja puis François n'aront vers moi nule durée;   F. 3049.

264) La chainture qu'ot cheinte .xxx. libre[s] costa.   Gar d. M. 24c,3.

Namen verschiedene Arten des Gürtels bezeichneten, und wie sich dieselben dann unterschieden, vermag ich nicht festzustellen. Nach Weiss II, 365 hatte der Gürtel die Form eines langen schmalen Bandes, sei es aus Seide, *samit* oder Leder, geziert mit Goldstickerei oder auch mit goldenen Beschlägen, zuweilen noch mit Edelsteinen besetzt. Nach Schultz I, 204 bestand er aus den drei Stücken: Borte, Rinke, Senkel. Die chansons de geste geben darüber keinen Aufschluss, sie erwähnen nur den reich verzierten Metallbeschlag von echtem Golde [267/268]. Ein solcher Gürtel konnte 30 *libres* kosten [264], oder, wie der Dichter mit starker Übertreibung sagt, den Wert eines ganzen Turmes voll Gold haben [269]. Im Fierabras erzählt der Dichter von einem derartigen Schmuckstücke, dass ihm die wunderbare Kraft innewohne, dass Jedermann, der es ansah, vor dem Alter bewahrt bliebe, dass jedes Gift gegen ihn unschädlich wäre, und dass ihm Herz und Körper gesättigt würden, auch wenn er schon drei oder vier Tage gefastet hätte [267].

Noches und *afiches* waren nach Schultz I, 207 Heftnadeln oder Spangen, mittelst deren die Oberkleider am Halsausschnitt geschlossen wurden. Gautier in seiner chanson de Roland 637 übersetzt *nusches* mit *bracelets* (Armbänder), im Glossar erklärt er dasselbe Wort mit *colliers, bijoux destinés à être pendus au cou*. Aber schon Schultz I, 207 hat im Gegensatz zu

---

265) Dame Guibourt les sert de volonté.
 Et fu vestüe d'un bliant de cendé.
 Assez fu graile: si ot ceint un baudré.   F. d. C. 34,10.
266) D'une lasnete d'or ot estrai[n]s les costés.   E. d. G. 1695.
267) Çaint ot .i. singladoire menüement ouvré;
 La boucle fu moult rice, de fin or esmeré.
 Hons ne fame qui soit n'ara le poil mellé,
 Ne ja n'ert de venin ne d'erbe enpuisonné;
 Se il avoit .iii. jours ou .iiii. jéuné,
 S'esgardast la çainture et l'anel noiélé,
 Si aroit il le cors et le cuer saoulé.   F. 2019.
268) Tant a quis la çainture li glous qui l'a trouvée;
 Tout' entour lui l'a çainte par la boucle dorée.   F. 3076.
269) Perdüe est la çainture, en la mer est getée;
 Ele valoit d'or fin une tour mesurée.   F. 3104.

Quicherat, der auch die *nusches* als Gehänge am Halsschmuck deutet, zur Evidenz bewiesen, dass man unter *nusches* nur »Heftnadeln« zu verstehen habe. *Afiches* sind in den Epen nur einmal erwähnt [270]; und von den *noches* erfahren wir nur, dass sie zum Teil aus Gold gefertigt wurden und mit den kostbarsten Edelsteinen, Amethysten und Hyacinthen verziert waren [271].

Die *tassel* [272] [*tessuz* [273]] waren nach Schultz I, 208 die Metallbeschläge zu beiden Seiten des Mantels, welche durch eine Schnur verbunden, denselben über der Brust oder der rechten Schulter zusammenhielten. Dieselben waren von echtem Golde [zweimal wird arabisches Gold erwähnt [272/273]] gearbeitet [274] und mit den kostbarsten Edelsteinen, Rubinen und Saphiren, welche, wie einmal erwähnt wird, allein hundert Mark wert sein konnten, geschmückt [275].

Wahrscheinlich trugen die Damen auch mit Edelsteinen besetzte Armbänder, worauf B. d. C. 3666 hinzudeuten scheint [181].

Die Finger schmückten ein [275] oder mehrere [276] Ringe [*anel* [275/277], *aniel* [278], *annel* [279], *ahelet* [280], *aniax* [276]]. Dieselben

---

270) Il offri de besans qui bien valoit .c. livres,
Et Aie la duchoise et noches et afiches;   A. d'A. 346.

271) A vostre femme enveirai dous nusches:
Bien i ad or, matistes e jacunes,
E valent mielz que tut l'aveir de Rume
Vostre emperere si bones n'en vit unkes.   R. 637.

272) S'ert afublé d'un mantel aginois,
Li tassel furent à or saracinois.   Ch. O. 1025.

273) Et à son coul ung mantel de grant pris,
A or d'Arabe sont les tesseuz assis;
Moult y ot pierres, bons rubiz et safirs,
Qui mielx valaint que cent marcs tous massis.   Aq. 314.

274) J. mantel ot as espaules jetet,
Li tassel sunt a fin or trejetet.   Loh. Q. 181c,10.

275) Et mainte dame, espousée d'anel.
En remest vesve de seignor riche et bel.   G. 5201.

276) N'a encor gaires qe B. li cortois
M'a espousée: les aniax ai es dois.   R. d. C. 6166.

277) Ancor hui baisera Sebile anz an son trez,
S'an portera l'anel qi ou doi est fermez,   S. II, 15,3.

278) *Et* cest aniel a cest rice rubin   A. d. M. 55b,6.

waren von Silber[281] oder von echtem, glänzendem Golde[282], welches bisweilen mit schwarzem Schmelze ausgelegt war[283/267]; mitunter waren sie mit Edelsteinen verziert[278/290]. Sie wurden bei der Trauung angelegt[284], und es wird an einer Stelle, welche Zeller übersehen hat und Schulz nicht anführt, berichtet, dass der Bräutigam der Braut den Ring an den Finger steckte[285]. Die Damen schenkten oder schickten ihren Geliebten und diese auch jenen[286] solche Ringe als Liebes-[279/287] oder Freundschaftspfand[288/289]. Diesen Ringen schrieb man, wie die Dichter

---

279) Il prinst l'annel que li vallès li tent,
Dedans son doi le mist avenamment,
Souvent l'esgarde, de fine amor esprent. G. 8733.
»Frere«, dist elle, »sor tant le voz recroi,
Tu t'en iras à Gaydon, fil Joiffroi,
Et se li porte cest annel de mon doi.« G. 8660.

280) Et por .1. anelet qi ne vaut poitevine
M'escondit et depert: s'en ai duel et corine. S. II, 18, 14.

281) Puis vos espousera a .i. anel d'argent,
A loi de Jesu Crist ou creons fermement. Gar. d. M. 58c, 5.

282) Et s'en porta l'anel que ie uoi ci;
En vostre doit, qu'est de fin or burni. A. d. B. 66, 26.

283) Lors li tant Baudoïns l'anel d'or noëlé,
Que prist ou doi Sebile qant parti de son tré. S. II, 34, 18.

284) Et l'anel prist por la dame espouser. C. L. 1382.

285) Il demande espoussailles bons aniax d'or ou prois,
Et trente mars d'argent, M. sous de margoillois.
Sous .I. poile d'Otrente devant lui les ont mois.
As .III. barons les fist as dames metre ès dois. F. d. C. 134, 7.

286) Li dus Rollans est antreiz an la chambre:
baisait Audain, sa bele amie gente;
et en apres son anel li commande. G. d. V. 4033.
En sa main destre, qu'elle a amanevie.
Ot .I. anel où durement se fie,
Que li donna Rollans par druerïe. R. d. R. 318, 25.

287) Et cest anel vos donrai-gé aussi;
Quant le verroiz, memberra vos de mi. M. d. G. 24, 16.

288) »Sire«, dist ele, »uolentiers et de gré.«
.I. anelet li a el doit bouté,
Puis l'en apele si li dist son pensé.
»Ce porterés uostre oncle le menbré;
Par cest anel li octroi m'amist(i)é. A. d. B. 52, 16.

289) »Naymon«, dist ele, »ie vos doing m'amisté.
pren cet anel de fin or esmeré.
gardez le bien, car il à grant bonté.

erzählen, geheimnisvolle, wunderthätige Kräfte zu. So konnte ein solcher Ring, wenn er verloren gegangen war, niemals wiedergefunden werden. Derjenige, welcher ihn trug, konnte durch Zauberkunst nicht vergiftet werden, er konnte in der Schlacht nicht besiegt noch sonst verzaubert werden, er konnte ferner von keinem Urteile betroffen werden, noch konnte er sich von seinem Wege verirren[289]. In einen andern Ring waren drei kostbare Edelsteine eingesetzt, von denen der eine, der besonders wertvoll und klar war, aus dem Paradiese stammte und in einer besonderen Goldeinfassung eingeschlossen war. Demselben wohnte die wunderbare Kraft inne, dass die Frau, welche ihn trug, durch keinen Mann entehrt werden konnte[290]. Ein dritter Ring bewahrte seinen Träger vor Unehre, aus ihm erwuchs ihm hohe Ehre und sein Pferd konnte unter ihm nicht straucheln[291].

se le perdez, iamais n'iert recovré.
ne ia n'estra par magïe enherbé
ne ia n'aura cel avoir amassé
qui len de . . ne ij denier moneé,
ne em bataille ne puet estre maté.
qui l'a èl doi, ia n'iert ensorceré,
de iugement ne sera ia grué,
de son chemin ne puet estre esgaré.«   Agl. 1316.

290) Trait a un anelet, dont il [l']ot espousée;
Où ot .ii. riches [pierres] precioses et cleres,
Et la tierce y estoit, qui ert vaillant et clere.
De paradis terrestre l'avoit on aportée;
Tant[e] bonne aventure l[i] avoit Diex donnée
Tout autresi estoit comme chose faée:
Fame qui l'ait o soi n'iert ja desvirginée,
Par nul homme qui soit, si bien ne li agrée;
En une verge d'or estoit bien séelée
La dame a pris l'anel, son seigneur l'a getée.   A. d'A. 2000.

291) .J. anelet la dame li douna,
Qui molt est bons et moult grant vertu a:
Hom qui le porte, ia hounis ne sera,
Que ses cheuax sous lui n'estanchera.
»Borgoins«, dist ele, »cestui ne perdés ia
Gardés le bien, grans honours vos venra.«   A. d. B. 12,8.

292) Ele s'en rit; si li dit rempognant:
— »Par Mahomet! vos me rendrais mon gant.«   F. d. C. 26,5.
Fait Anfelise: »Vos fustes ja mès drus:
Tornez arrière: si soit mes gans rendus.
Si l'aura tex, qui miels est conéus.«   F. d. C. 28,10.

VII. Handschuhe und Fächer.

Zum Ausgehen legten die Damen nach Schultz I, 209 noch Handschuhe an, und zwar waren dieselben gewöhnlich von Leder, mitunter von Seide. Im Bereiche der chansons de geste wird ihrer nur zweimal Erwähnung gethan[292].

Dass auch Fächer zu den Toilettengegenständen vornehmer Damen gehörten, habe ich einmal erwähnt gefunden[293], und zwar wird an dieser Stelle gesagt, dass sich eine vornehme Dame von einer Zofe mit silbernem Fächer Kühlung zuwehen liess[293]. Auch Schultz führt nur diese eine Stelle an.

VIII. Verfertigung der Gewänder und Handarbeiten.

Die Gewänder, welche die Frauen trugen, verfertigten sich dieselben zum Teil selbst[294], auch wohl die Kleider der Männer[295]. Auch den Stoff zu den Kleidern, namentlich Seidengewebe verfertigten[296] und färbten die Frauen zum Teil wohl selbst[297]. Vornehme Damen waren besonders geschickt in feineren Handarbeiten[298], so im Sticken mit Gold und Seide[299]. Im Hervis

---

293) Et Rosiane la nièce Rubiant,
Le vent li fist à un platel d'argent.   P. d'O. 664.

294) Vint en la chambre a bele Biatriz;
Ele cosoit un molt riche chamsil,   M. d. G. 10,3.

295) Foulque ot armes blanches com en mai fleurs de lis
Chauciez d'un drap de soie, que cosit Anfélis.   F. d. C. 91,25.

296) Chevaus virent et murs et destriers de Sulīe,
Cendaus et siglatons de soie d'Aumarīe,
Et virent soie ouvrer as beles Sarasines,   G. d. B. 1752.

297) Dame, ce li dist Bues, alés vos ombroier
Et par dedans vos chambres qui sunt paintes d'or mier,
Laiens o vos puceles pensés de chastoier:
Pensés de soie taindre, ce est vostre mestier   R. d. M. 13,37.

298) Ele siet en ma cambre par fine verité,
Où ele a des huimain moult durement ouvré
Au drap de nostre autel que trouva desciré.   B. 3081.
Bertain truevent ouvrant oevre très fine et vraie,
D'ouvrer bien et à droit moult petitet s'esmaie.   B. 1401.
Lors prent Berte à ouvrer si com je vous dirai,
Si come à St. Denis en escrit le trouvai;
N'avoit meillour ouvriere de Tours jusk'à Cambrai.   B. 1386.

de Mes erzählt der Dichter, dass Beatrix mit Gold- und Seidenfäden vier Figuren auf ein Tuch stickt, welche so naturgetreu gearbeitet sind, dass ihre Eltern und ihr Bruder sich selbst und ihre Tochter später darin wiedererkennen[300].

IX. Besondere Herkunft einzelner Kleidungsstücke.

Wollen die epischen Dichter ein Gewand einer vornehmen Dame als besonders wertvoll hinstellen, so dichten sie demselben einen besonderen Ursprung resp. Herkunftsort an. So trägt im Fierabras die Floripas einen *paile*, welchen eine Fee mit hellstrahlenden Sternen aus echtem Golde kostbar ausgestattet hat[106]. Ihren Mantel hatte ebenfalls eine Fee angefertigt und zwar auf der weit bekannten Insel Corcoil (Kolchis?), welche Jason aufsuchte, wo er hingeschickt wurde, um das goldene Vlies zu holen[301]. Der *paile[s]*, welchen Aude

---

    Li rois en est entrés en sa cambre pavée;
    Sor un cosin de paile a sa seror trovée
    Et tint sor ses jenos une ensegne sertée;
    Gentiument l'enlumine, car ele estoit letrée.   R. d. M. 113,25

299) Les deus filles Constance, ne vous en mentirai,
    Sorent d'or et de soie ouvrer, car bien le sai;   B. 1379.

300) Puis acheterent le chier drap de samis
    Et fiz de soie *et* fis d'or autresi,
    An une chambre bellement a loisir
    Desus le drap ait ovré Beatrix.   H. d. M. 25,3,6.
    Mais s(e)'i avoie un sol drap de samis,
    A fil de soie *et* fil d'or autressi,
    Jusqu'aiouvraisse sus le drap seignori,
    Tes .iiii. formes y voudroie establir,
    S'or lou portez a la cite de Tyr   H. d. M. 25,2,17.
    Floire le voit s'ait sa regne tirei
    Et uoit le draip sel prent a regarder,
    Et uoit la forme dou fort roi coronné
    De son chier peire qui l'auoit enjandrei,
    Et uoit la forme la roïne a vis cler
    Sa chiere maire quel porta en ces lez,
    Et uoit sa forme qu'ert portraite delez,
    Et ioste lui Beatrix a vis cler
    Sa douce suer qu'il souloit tant amer.   H. d. M. 30,1,5.

301) D'un rice singlatum ot mantel affublé;
    Une fée l'ouvra par grant nobilité,
    En l'ille de Corcoil, dont on a moult parlé,

an ihrem Hochzeitstage angelegt hat, war aus Pavia, der Herzog Girars kaufte ihn um hohen Preis in Ungarn [302]. In Elie de St. Gille erzählt der Dichter, dass die Rosamonde einen wertvollen Mantel trug, den sie von einem reichen arabischen Grossen zum Geschenk erhalten hatte und zu dessen Herstellung man drei volle Jahre gebraucht hatte [303].

X. Die Stoffe und ihre Herkunft.

Den Angaben der Dichter über die Herkunft der Stoffe darf man ohne Weiteres auch nicht Glauben schenken. Da einerseits alles als kostbar galt, was aus fernen Ländern stammte, so schob man Stoffen, deren Wert man als einen besonders hohen hinstellen wollte, irgend welches fremde Land oder irgend welche fremde Stadt als Herkunftsort unter, ohne dass darum als feststehend anzunehmen wäre, dass in diesem Lande jener Stoff gefertigt, aus jener Stadt dieser ausgeführt wurde. Andererseits mag wohl auch ziemlich häufig Reimnoth die Dichter bewogen haben, diesen oder jenen Länder- oder Städtenamen, der eben gerade in die Tirade passte, als Herkunftsort eines Stoffes heranzuziehen. Schultz ist, wie mir scheint, darin zu leichtgläubig gewesen, indem er die diesbezüglichen Angaben der Dichter als baare Münze hinnimmt.

Anmerkung. Da ich nur die auf die weibliche Kleidung bezüglichen Stellen in den chansons gesammelt habe, kann ich in diesem Abschnitte natürlich nicht so vollständige Resultate liefern wie Schultz.

Der grössere Teil der Stoffe und Tuche aber wurde, wie

Là où Jason ala, là ù fu endité,
Por l'ocoison (= la toison?) d'or fin, ce dïent li letré;
Pour ce fu puis destruite toute la grant cité.   F. 2029.

302) Et par desuz un paile de Pavīe
Li dus Girars l'acheta en Hongrīe.
Qui li vendit, moult ot grant manantīe.   R. d. B. 317,4.

303) Un mantel covoitous ot a son col jeté:
Un rices amiraus li ot fait presenter,
.iii. ans mist on a faire ains que fust parovrés;   E. d. G. 1697.

die Namen der Herkunft besagen, importiert, und zwar meist aus dem Orient[304] und aus Spanien[305].

Der von allen am öftesten genannte Stoff ist *paile[s]*, ein kostbares, mit Gold durchwirktes[178] Seidengewebe[305]. Er kommt in verschiedenen Farben vor: braun[6], blau[189/306], roth[306/141], scharlachfarben[107]. Als Orte der Herkunft des *paile* geben die Dichter an: vor allen Almeria [Aumarie[187/307], Amarie[64]] in Spanien, Pavia[193/188], Ortranto am Busen von Tarent[285], Alexandria[103], Griechenland[99], Ajas in Kleinasien[106], Amoravine[141], nach Schultz jedenfalls im Orient zu suchen. Biterne[50/154/155], ist nach Schultz's Vermutung ein Ort im Orient; Mone »Untersuchungen zur teutschen Heldensage« 256 deutet es als Viterbo, das wäre also eine Stadt im nördlichen Latium.

Der in den Epen weniger oft erwähnte *diapre[s]* ist ebenfalls ein kostbarer[308], mit Gold durchwirkter Stoff[64/173], welcher leuchtet und schimmert[157]. Nach Schultz I, 258 wird er ausdrücklich weiss genannt, Francisque Michel leitet *diaspre* von δίασπρον [zweimal weiss] her. Er stammt aus Arabien[178] und aus Sulie[309], was eine häufige Nebenform für *Syrie* ist.

Der *samit*[310] [*samis*[98], *samin*[311], *sami*[164]] ist nach Schultz I, 259 ein aus sechsfadenstarkem Aufzuge hergestelltes, daher sehr starkes, festes Seidengewebe und von dem Stoffe, den

---

304) Ele ot un paile d'Oriande vestut,
Blance ot la car, plus bele riens ne fu.   Ch. O. II,13011.
305) Leva le paile de soie d'Aumarie.   R. d. R. 331,23.
306) Andui se sont assis desor .i. paile bloi.   S. 120,6.
La réine vestüe de pailes taux,
Ne véistes meillors, vermelz ne blaux;   G. d. R. 366,18.
307) Ele ot viestut un palie d'Aumarie   A. d. M. 54b,3.
308) Aitant es vous la bele, ou il n'out qu'enseignier,
Vestü[e] d'un diapre, onke ne vi tant chier,   D. d. R. 12,252.
309) Des riches dras, qu'ele ot l'ont toute despouillie
Qui de diapre fu dez bons dras de Sulie.   D. d. M. 934.
310) Dist la réine: Bien puissent-il venir!
De ma partie aura dras de samit,   M. d. G. 18,15.
311) Vestīe d'un samin à terre traīnant,
Dont les pierres en valent plus de .C. mars d'argent. D.d.M. 3625.

wir heute »Sammet« nennen, wohl zu unterscheiden. Nach den chansons de geste war er bisweilen mit Goldfäden und Perlen gesäumt[312], mit Sternchen von Gold geziert[313], oder mit kleinen Plättchen oder Ringen von Gold beschlagen. Ein derartig ausgestatteter *samis* wurde sogar höher geschätzt als *paile* oder *cendal*[98/314]. Zweimal erscheint der *samit* als Kleidungsstück, das eine Mal als ein mit einer Schleppe versehenes Gewand, welches mit wertvollen Edelsteinen besetzt ist[311], das andere Mal als ein mit Blumen gefüttertes Überkleid mit schimmerndem Besatz am Saume[164].

Bliaut ist eigentlich der über dem Hemde getragene Rock[161], er erscheint aber auch als ein kostbarer Stoff[65/124] und kommt in den Epen in weisser[65] und grüner[95] Farbe vor. Bezogen wurde er aus dem Orient[162], aus Almeria in Spanien[163], von Carthago[315], Ortranto[53]. Abilant[91], Syllois[316] und Sarmadan[194] als Ausfuhrplätze des *bliaut* sind mir unbekannt geblieben.

Der *porpre*[169] [*pourpre*[68], *porprine*[125], *porprin*[317]] war ein mit Gold durchwirktes Seidengewebe[63]. Im Bereiche der chansons de geste wird kreisförmig gemusterter[169] und solcher von rother Farbe[78] erwähnt, während derselbe nach Schultz I, 262 in allen möglichen Farben vorkam. Er wurde aus Almeria importiert[97]. Andere Herkunftsorte citiert Schultz I, 263.

Der *siglaton*[318] [*syglaton*[89], *ciglaton*[319], *singlatum*[126]] war

---

312) Girbert envoie un molt riche samit
De Panpelune et d'or estoit repris; M. d. G. 20,16.
313) Quant vestu ot la dame .i. bel samit
Estélé d'or nus hom plus biel ne vit. A. d. M. 93c,27.
314) Qui ne daigne vestir ne paile ne cendé,
Mais bliaut ou samis a mailles d'or ouvré.
A moillier le demandent vint roi tot coroné. Main. R. 321,67.
315) Illeuc s'aparilloit d'un bliaut de Cartaige H. C. 4547.
316) Guichart amanevie au bliaut de Syllois. F. d. C. 134,4.
317) Dame A(a)lais n'ot pas le cuer frarin:
Son fil coucha an .i. chier drap porprin; R. d. C. 52.
318) Primes descendi Giles, la suer au roi Karlon,
Et avec lui bele Aude, vestüe un siglaton; G. d. B. 4000.
319) Car plus cortoise dame ne vesti ciglaton. R. d. M. 401,25.

ebenfalls ein kostbarer[320] Stoff von Seide[295], der sowohl zur Verfertigung[126] als auch zur Fütterung des Mantels verwandt wurde[89]. Nach Schultz I, 263 leitet Du Cange *siglaton* her von dem griechischen κυκλάς, dem Radmantel, zu dem der Stoff ursprünglich verwandt worden sei. Francisque Michel nimmt an, dass der Name aus dem arabischen *Siklâtûn* herstamme. Die chansons de geste geben keinen Aufschluss darüber, in ihnen wird nur *siglaton* von rother[321]/[157] und solcher von grüner[322] Farbe genannt. Nach Schultz I, 264 wurde er im Orient und in Spanien gefertigt.

Der *cendal*[323] [*cendé*[314], *cendel*[88]] war nach Schultz I, 266 ein leichter, dünner Seidenstoff, der meist zum Füttern der Gewänder verarbeitet wurde. In den chansons de geste wird erwähnt, dass die Kappe damit gefüttert wurde[148]. Wie Schultz feststellt, kam der *cendal* in allen Farben vor; ich habe nur scharlach gefärbte *cendals* erwähnt gefunden[183]. Hergestellt wurde der *cendal* in Nubien[324]; andere Orte der Herkunft citiert Schultz I, 266.

Überhaupt erwähnen die Dichter mehrfach Seidenzeuge, ohne dass sie die specielle Art des Gewebes angeben[179]/[178]. Berühmt war die Seide von Almeria in Spanien[325]/[188].

Der *bofu*[178] [*boffu*[326], auch in zwei Wörtern geschrieben: *bon fu*[182], *bons fu*[327]] war nach Schultz I, 257 ein golddurchwirktes Seidengewebe von rother Farbe. Godefroy erklärt *bofu*

---

320) Après l'ont revestûe d'un riche siglaton.   Gfr. 9165.
321) Vestir li fait .i. vermeil syglaton   G. 4680.
      Mameletes duretes a souz son peliçon,
      Qui un poi li soulievent son vermeil siglaton.   B. d. C, 3337.
322) Bien la connut au vis et au menton,
      As iex rians et au vert syglaton.   G. 9611.
323) Ricement fu vestûe d'un cendal bougerant.   Gar. d. M. 36b,4.
324) Et le cendal qui fu fais an Nubîe,   R. d. R. 331,24.
325) Et les autres estofes de soie d'Aumarîe.   B. d. C. 2175.
326) Vit la pucelle, bien l'a reconnéu,
      Si l'a saisîe par le paile boffu.   G. 9654.
327) Boixante dames vestûes de bons fus,   Ch. O. II, 12959.

einfach mit *sorte d'étoffe*. In den chansons de geste wird nur der Name genannt.

Osterin[55/328] [*osterine*[128]] war nach Gautier 399 ein purpurn gefärbtes Seidengewebe, Schultz I, 261 vermutet dasselbe, La Curne de Sainte Palaye hält es für ein Pelzwerk, vielleicht aus dem Gefieder des Habichts hergestellt. Eine Stelle in den Epen macht die Vermutung Schultz's wahrscheinlich; im Foulque de Candie wird nämlich erwähnt, dass das Fähnchen eines Ritters, zu dem man wohl schwerlich ein Pelzwerk verwandt haben wird, aus einem mit Blumen gemusterten *osterin* angefertigt war[114]. Der *osterin* wurde besonders zum Füttern des Mantels verwandt[129/128].

Orfrois, das nach Diez eigentlich »Goldverzierung, Goldkräuselung« bedeutet, erscheint zweimal als Stoff[329].

Cabetenc[140] war nach Gaston Raynaud, dem Herausgeber des Elie de St. Gille, ein kostbarer Stoff; doch giebt er keine nähere Erklärung dazu. Er leitet *cabetenc* her von dem türkischen Worte *caftân*, das »Ehrenkleid« bedeutet.

Escarlate[330] [*escarlete*[331]] war nach Schultz I, 269 ein kostbares[330] Wollenzeug, das hauptsächlich in den Niederlanden gewebt wurde und nicht nur in rother, sondern auch in brauner, blauer und grauer Farbe vorkam.

Pers[332/333] nannte man nach Schultz I, 267 blaugrüne, *vert*[333/146] grüne Wollenzeuge.

---

328) *Et a se fille donrés cest osterin.*   A. d. M. 55b,5.
329) *La damoisele a fait mander li rois.*
    Et elle vint vestûe d'un orfrois.   R. d. C. 6158.
    Et treis milie pulceles a orfreis reluisant.   Ks. R. 272.
330) *En cape d'escarlate et de cendal forée.*   Gar. d. M. 19d,32.
    Et uns dras d'escarlate riches et cier[s],   A. 3751.
331) *Chargiez de drais de Flandres et dou païs,*
    Mainte escarlete et maint dras signoris.   H. d. M. 28,1,25.
332) *D'une cape de pers s'est molt bien atornée.*   Gar. d. M. 118a,29.
333) *Syglatons, sire, cendaus et bouqueranz,*
    Et escarlate et vert et pers vaillant.   Ch. d. N. 1124.

Den *Buckeram* [*bogerun*[62], *boquerant*[334], *bouquerant*[335], *bougerant*[323]] erklärt Schultz I, 268 nach Vorgang von Francisque Michel als einen Baumwollenstoff aus Bukhara, Diez als ein steifes Gewebe von Leinen oder Baumwolle, ursprünglich, wie man glaubt, von Ziegenhaaren. Von den letzten vier Stoffen habe ich in den chansons de geste nur die Namen erwähnt gefunden.

Bisweilen nennen die Dichter Stoffe als Tuche von bestimmter Herkunft, ohne dass damit eine bestimmte Art des Gewebes bezeichnet wird, so Tuche gefertigt in dem Lande der Lutizen[127], Tuche von Ortranto[335], Tuche von Sulie[336]. Berühmt waren dem H. d. M. nach flandrische Tuche[331/337].

334) L'anfant a pris la dame au cors vaillant:
Si l'envoslespe an .j. chier boquerant;   R. d. C. 45.
335) Richement fu vestüe d'un riche drap d'Octrente;   B. 273.
336) Des riches dras, qu'ele ot l'ont toute despouillīe
Qui de diapre fu dez bons dras de Sulīe.   D. d. M. 934.
337) Ne porterai o moi ne vair ne *gris*
Ne drais de Flandres ne juals de Pairis.   H. d. M. 26,1,14.
Chargerai vos biux fiz de mes escris,
Des dras de Flandres que vendront a Provin.   H. d. M. 3,2,17.

Wort-Register.

Abilant, bliaut d' 91.
acemer 51, 119, 140, 148, 177, 180, 202, 204, 245, 256, 257, 262.
acemer, les crinz 90, 93, 94.
accesméement 176.
acesmement 201.
adous 182.
afiches 270.
afubler 31. cape: 148, 149, 151. mantel: 66, 117-9, 122, 123, 125-7, 133, 134, 138, 141, 143. paile: 193.
agatbes 177.
aginois, mantel 143. — In der Arbeit ist bei der Angabe der ‚Herkunft einzelner Kleidungsstücke' S. 56 dies Wort übersehen word.
alixandrin, paile 103.
amerez [= esmerez], orfrois 224.
Amoravine, paile d' 141.
anel 267, 275-9, 281-9.
anelet 280, 288, 290, 291.
s'apariller 315.
Arabe, or d' 142.
Aragon, or d' 210.
argent, anel d' 281, mars d' 156, 285, painturé d' 2, platel d' 293.
arrabi, diapre 123.
atorner 30, 63, 64, 74, 148, 150, 165, 171, 180, 184, 332.
Aumarie S. 58, 60; bliaut

d' 162, mantel d' 145, paile d' 54, 188, 307, porpre d' 97, soie d' 20, 296, 305, 325.
auqueton 27, 28.

bandée 63, 195.
baudré 96.
bendes 103, 123, 222.
bise 137.
Biterne, paile de 50, 154, 155.
blanche, chemise 16, 21; blanc, bliaut 65.
bleu, giron 109, paile 306.
bliaut S. 22-4, ausserdem 40, 44, 49, 50-3, 71, 102, 118, 158, 161, 314 S. 59; cote de 65, S. 34 Anm.
bloie, crine 164.
blont 206, 208, 219, 236, 251, 258, 261.
bofu 162, 178, 182, 326, 327; paile 326.
bogeran 323, 333, 334; cote de 62, cendal 323.
boton 29.
boucle 267, 268.
braies 16.
brun, paile 6.

cabetenc 140.
cainse 29.
capel 227, 261, 262.
caperon 152.
Cartaige, bliaut de 315.
cauel 206, 209, 261.
ceinture 220, 263, 267-9.
cendel 93, 148, 183, 296, 314, 323, 321, 333;

bliant de 96, robes de 83.
cercle 235-45, ausserdem 59, 217.
ceveil 207.
chainture 62.
chainsil 19.
chape 146-51.
chapel 226, 229, 234.
chapelet 230-3, 256.
chauces 1, 3, 6, 15.
chaucier 5, 8-10, 166, 204, 205, 295.
chemise 16-8, 20, 21, 23, 25, 161.
chevel 207, 209-12.
ciglaton 319.
composé, bliaut S. 24.
conréer 166.
Corcoil, ille de 301.
cordoans 5.
cordoant, sollers de 1.
cors, mantel 122.
cote 16, 31, 61-6, 158, S. 34 Anm.
couronne 246-8, 250-3.
crine 117, 158, 164, 176, 206, 209, 215, 220, 223, 224, 231, 236, 261.

deffublée 61.
deffunbler 139.
Delfin 130.
deliez, crins 218.
desafublée 10, 153, 194, 258, S. 32 Anm.
descauce 12.
desfubler 117, 145.
desgallonnée 208.
desmaller, ses draps 198.

desmuer, se de ses dras 198.
despoillier 65, 309.
desrompre, ses draps 198.
degule 46.
diapre 61, 123, 308, 309; cote de 64, mantel de 64.
dras 22, 30, 65, 91, 112, 127, 164, 165, 171, 172, 183, 184, 197, 198, 219, 220, 295, 298, 300, 309, 317, 330, 331, 335-7.

endosser 91.
engoulé, hermin 70, 74.
engrailé, hermin 72.
entaillié 44, 71, 86.
ermin 46, 47, 67, 71, 75, 109, 117; manche d' 73, mantel d' 97, 131.
ermin et de ver et de gris 69.
ermin pelichon 38, 39.
escapins 10.
escarinant, paile 197.
escarlate 330, 331, 333; cape d' 148, dras d' 330.
eschavolée 13. 215-7.
escourcer 144.
escorcir 77.
eskierkeré 2.
esmeraudes 177, 181, 245.
estofe 202, 325.

filet 207.
Flandres, dras de 331. 337.
floretes, chapel de 226.
freté 15.
fuerre, capel de 262.

galacien, paile 106.
galoné 207, 223, 224, 239, 243, 251.
gant 292.
garnemans 199.
garnir, se 172, 175.
gaunc 207.
gipe 59.
giron 109.
gironnée 82.
gonnale 30.

greçois, paile 99.
gris 59, 66, 127, 136, 192, 337; gipe de 51, 60, 85, 100.
guimple 255-8.

haire 24.
hermin engoulé 70, 74.
hermin engrailé 72.
hermine 44, 45, 72, 74, 78; mantelet 120, mantel 141.
hermin pelichon 37, 157.

inde, giron 109.

jacunes 271.

lacier 99, 107.
laine 183.
lange 26-8.
laton 213
laz 93, 108, 112.
lier 204.
liste 6.

mailles 93, 314.
manche 110-6.
mantel 89, 44, 50, 51, 59, 60, 63-6, 85, 117-9, 122-4, 127, 128, 133, 136-40, 144, 158, 240, 274.
mantelet 120.
martre, goules de 67.
matistes 271.
mente 132.
mugues 132.

noches 270, 271.
noir, vestue de 195.
Nubie 324.
noielé 267, 283.
nu 22.
nuz piez 11-4.

or, aniax d' 285, bandes d' 123, bendes d' 103, capelès d' 228, 233, cecle d' 239, cercle d' 158, 217, 235-8, 242, 244, 245, clecle d' 59, 60, couronne d' 247, 248, dras d' 177, 181,

estancelée d' 78, estélé d' 313, estoiles de fin 106, fil d' 54, 94, 99, 176, 223, 224, 239, 243, 300, filet d' 207, freset d' 44, lasnete d' 74, listée d' 79, mantel d' 138, noëlé d' 283, ovré d' 88, 100, 314, painturé de fin 2, partraite et ovré d' 80, 93, repris d' 312; secle d' 85, 240, 243, toison d' 301.
orel 121.
orfrois 57, 90, 99, 139, 224, 329.
Oriande, paile d' 304.
orienne, bliaut d' 162.
orient, pierre d' 227.
orlés 91, 241.
oster 91.
osterin 114, 123, 129, 130, 328; bliaut 85.
Otrante, bliaut d' 53, drap d' 335, poile d' 58.
outre-mer, paile d' 108.

paile S. 25-6, ausserdem 28, 54-8, 93, 130, 178, 304-6, 314; bliaut de 50, 92, chauces de 1, 6, 15, cosin de 298, mance de 111, robes de 83, vousure d'un 141.
Panpelune 312.
paon, capel de 260.
parer 52, 64, 80, 81, 82, 87, 129, 148, 204, 251.
Pavie, paile de 188, 193.
peliçon 28, 41-3, 59, 68, 70, 154, 155, 321.
pelisson hermin S. 19, 21, ausserdem 25, 82-6, 40, 98, 103.
penne 127, 130, 132, 137.
pennes, capel de 261.
pers 333; cape de 332.
pierres, capelès de 228, 233.
platel 293.
poil 206.
pointuré S. 12 Anm.

pointurés solers 3.
porprin, drap 317, mantel de 125.
porpre 16, bliaut de 97, cote de 63, mantel de 63, robe d'une 78.

quorone 249.

rebracier 29.
recerselé 206, 207.
revestir 203. 320.
robe 48, 65, 75-83, 146. 197.
roé, paile 104, porpre 169.
rubis 177, 181, 234, 251, 273, 278.

saanz, porpre 16.
sable, pene de 132.
safré 89, 106.
samis 156, 177, 194, 313, 314; bliaut de 93, 98, chemise de 25, dras de 300, 310.
sanguine, porpre 78.
saphirs 177, 181, 273.
Sarmadan, bliaut de 124.

sarracinois, or 5, 143.
sebelin 51, 118, 133, 134; mantel de 135.
siglaton 39, 157, 163, 190, 296, 320-2, 333; mantel de 126.
signori, drap 300, 331, paile 55.
simple, bliaut S. 22.
singladoire 267.
soie, bliaut de 40, 94, chemise de 20, cote de 164, dras de 72, 178, 179, 181, 295, fiz de 300, guimple de 257, pourpre de 63, sami de 164, trecheoir de 259.
sollers 1-4, 6, 7.
sororée, tresce 241.
Sulie, dras de 309.
Syllois, bliaut de 316.

taindre 297.
taint en graine 165. 183.
tassel 272, 274.
tessuz 273.
toison 301.
trainant 76, 156.

treces 219, 220, 241.
trecheoir 259.
tressle 54, 220, 222.

vaire 68, 75, 154, 155, 192, 337.
vair et gris 203.
vermeill, paile 141, 306, syglaton 157, 321.
vert 146, 333; bliaut 40, bliant 53, giron 109, syglaton 322.
vestement 200.
vestir 8, 9, 16, 17, 20, 21, 24, 28, 33, 34, 36, 40, 43, 50, 51, 53-7, 61, 64, 68, 69. 74, 80, 82, 88, 90, 93, 94, 96, 98-100, 103-7, 109, 112, 118, 129, 138, 147, 154-6, 161-6, 169, 171, 175, 176, 178, 179, 182-4, 188, 192, 193, 195, 197, 198, 204, 205, 256, 304, 307, 308, 313, 318, 319, 323, 327, 329, 335.
vousure 141, S. 30 Anm.

Inhalt.

Allgemeines	Seite 8
Die einzelnen Kleidungsstücke	» 12
Der Anzug	» 32
Das Anziehen	» 40
Haartracht und Kopfputz (Excurs über die Kreuzlegende S. 45)	» 41
Kopfbedeckungen	» 49
Die Schmucksachen	» 50
Handschuhe und Fächer	» 55
Verfertigung der Gewänder und Handarbeiten	» 55
Besondere Herkunft einzelner Kleidungsstücke	» 56
Die Stoffe und ihre Herkunft	» 57
Wort-Register	» 63